成功に導く対人の心得

藤崎流関係力

ドムドムフードサービス社長
藤崎忍

日本最古のハンバーガーチェーン「ドムドムハンバーガー」は、私の人生後半を大きく彩ることとなりました。

短大卒業後、就職しないまま政治家と結婚。そのため20年近く専業主婦として政治家の夫を支えながら生きていました。その夫が落選し病に倒れたことを機に、ＳＨＩＢＵＹＡ１０９のアパレルショップの雇われ店長として就職しました。39歳のときです。仕事のノウハウなど何もわからない私は、生活を支えるため、とにかく必死で働きました。順調に売り上げを伸ばしていたものの経営方針が変わり、退職の通達を受けることに……。路頭に迷うわけにもいかず、新橋の居酒屋にアルバイトとして雇われ、生活をしのいでいたところ、お客様から空き店舗を紹介していただき、45歳で家庭料理の店「そらき」を開業しました。「そらき」は人気店となり2軒目を開業。

その後、常連のお客様からドムドムハンバーガーのメニュー開発顧問に誘われたのです。この時初めて提案した商品が、日本人のソウルフードを挟んだ「手作り厚焼きたまごバーガー」でした。そして、51歳のとき正社員として入社。そこからわずか9か月後に社長に抜擢していただき、今に至っています。

創業51年の歴史と私の55年の人生とが重なり合うことで、時にシナジーを生み、喜びをもたらしてくれますが、ある時は心にハレーションを生むなど言い難い不安と戦うこともあります。

彩られた日々は、繰り返し訪れる「喜び」と「不安」を抱きながら歩む他ないのかもしれません。人生は笑ってばかりいられないもの。辛いこともあるでしょう。喜びは大きく膨らませ、不安は可能な限り笑顔に変える。これが生きる術だと思いますが、どの様にこの難題を解決できるのでしょうか。

自分の心にばかり手を当てて考え込む必要はありません。

あらゆる事象には他との関係性があるのです。それらを掘り下げ快適に生きる術を探した方が、登場人物もエピソードも多く、退屈なく楽しいはずです。

平坦ではない私の人生で培った「関係力」を振り返る機会をいただきました。彩りある人生を更に豊かにする手がかりになったとしたなら、この上ない幸せです。

ドムドムフードサービス社長　**藤﨑　忍**

第1章

子供や家族との関係力

はじめに …… 2

01 親で在るとは安定できる環境を作る責任を負うこと …… 10

02 ある時期までは親と子は対等ではない …… 18

03 どこにいようが自分らしさを失わない人間に育てる …… 24

04 子供を評価するときは自身の目と心を使う …… 30

05 子育てや介護のビタミン剤は『安らぎ』 …… 38

CONTENTS

第2章 部下との関係力

06 和をもって事を運ぶ …… 48
07 考えを広めたければ、部下から信頼される人間になれ …… 54
08 部下には自分の想いや考えをしっかり伝える …… 60
09 自分らしさを部下にまで押し付けず相手を尊重する …… 66

第3章 仕事における関係力

10 ラグビーには体格差があっても輝けるポジションがある …… 76
11 個性を大切にし、来るものは拒まない …… 84
12 こだわりが強すぎると周囲が見えなくなる …… 90
13 社会への進出だけが女性の活躍とは思わない …… 96

第4章

成功のための関係力

14 究極に困ったら、不安でも動き出さないと生きていけない …… 104

15 やりたいと思う気持ちがあれば、できないことはない …… 110

16 少しでも良くしようと、見て、感じて、考えて行動する …… 114

17 失敗は成功までの途上と考えて行動する …… 120

18 仕事の一面しか見ることができない人間に成長はない …… 126

19 スピーディーな判断が成功への近道 …… 132

20 人やサービスはトータルで判断されるべき …… 138

CONTENTS

第5章 トップに立つ関係力

21 老若男女はリスペクトし合う「人」同士 …… 146
22 心の満足度を得られる職場環境を整えることが重要 …… 152
23 目標を達成するには、全員が同じ方向を向くようにする …… 158
24 身の丈にあった目標でないと周囲はついてこない …… 164

第6章 ブランドとの関係力

25 相手が安心し、信頼できる存在になれ …… 172
26 ブランドはお客様が創出するもの …… 178
27 ブランドも人間も捨てる神あれば拾う「福」あり …… 184
おわりに …… 190

第1章

子供や家族との関係力

NO. 01

親で在るとは安定できる環境を作る責任を負うこと

「子供が生まれてからある時期まで、子供に対して責任を負うこと」が、親になるということではないでしょうか。責任とは、子供が安定して生活できる環境を作り、守ること。

それは『裕福な生活』という意味ではなく、『心身共に安心できる生活』を提供することだと思います。

２０２０年、コロナ感染症拡大防止策の一環から、保育・教育の多くの場が閉鎖されました。

一日の大切な栄養源が給食である子供。親のストレス解消の的になってしまっている子供。日常的に暴力を振るわれている子供。家庭が『心身共に安定できる環境』ではない、そのような子供たちが、危険な状況に晒される可能性があるのではと心配でなりませんでした。被害にあっている子供にとって、保育・教育の場は安全な環境であると思うからです。

児童虐待は、報告された件数だけでもこの10年で3倍近くに増加しています。連日のように報道される痛ましい事件に心を痛めていますが、それらは氷山の一角であり、声なき被害児童の存在も推察されます。

責任を放棄する親、『心身共に安心できる生活』を作り出し、守り、提供する力を持たないまま子供を作ってしまった親が急増している現状に、強い憤りを覚えます。


私は21歳で結婚し、23歳で息子を出産しました。

陣痛がお腹、背中、腰の痛みを伴い断続的に訪れ、出産までの時間がとてつもなく長く感じました。真夜中、人気の無い陣痛室でひたすら痛みと戦い、22時間後の午前6時にようやく息子と出会うことができたのです。

無事出産を終えてほっとし、初めて息子の顔を見て、とてつもなく可愛いと思いました。

親バカですね。

私は『腹を痛めた子』という言葉の通りの経験をしたわけです。

しかし一概には、**その痛みが有るからこそ、『子供が安定して生活できる環境を作り、守る』という母性が生まれるわけではないと、昨今の虐待事件を見聞きし感じます。**

事実、出産はしたけれど、育児放棄をしたり、虐待したりする親は後を絶ちません。

一方、無痛分娩を選択して笑顔で陣痛を乗り切って出産した方、その他、出産以外の様々な形で親になられた方も、子育ての責任を全うされています。

『生命を世に送り出すこと』が『親になること』だと、捉えることができます。しかしこれは、あくまで生物学的な話の上だけではないでしょうか。大前提として、**『心身共に安定できる環境』を作れる方が親になれる方**、だと思うのです。

野生の動物でさえ、生まれてきた我が子のために、外敵から守る環境を作って育てています。

子供を持つ前から、子供好きな方がいらっしゃいます。実は私はその逆で、昔は子供が苦手でした。

私は4人兄妹の三番目ですが、兄妹の中で一番早くに結婚し、子供を授かりました。友人たちの中でも、一番早くに結婚し、一番最初に子供を生んだため、身近な環境に、赤ちゃんがいませんでした。

そのためか、赤ちゃんに幼児語で話しかける方を見ると不思議に感じると同時に、大の大人が、と思うと恥ずかしく思えて、幼児語で赤ちゃんに話しかけることなど私には絶対にできないと勝手に思い込んでいました。

誰しもが常套句のように赤ちゃんに伝える「可愛いーねぇ」の言葉も、発することが苦手で、どのように赤ちゃんと接していいのか全く理解できていませんでした。

そんな私が、**小さな小さな息子に出会い、子供を守る決意が自然と生まれたときから、そのような思いは霧が晴れるように一気に消え去り、すべてのお子さんを愛おしく感じるようになった**のです。


息子は出生後、黄疸がひどく、大事には至りませんでしたが、しばらく母乳を飲むことができませんでした。

飲まれることのない母乳を搾りながら、彼の行く末を案じ、不安で胸が一杯になり涙が止まらなかったこと。誤って落としてしまったら、命を奪うことになると、恐怖を感じながら大切に抱いたこと。それらは親で在るための想いが芽生えたときであり、今となっては懐かしい思い出でもあります。


あるとき、幼稚園児だった息子が、風邪で数日間熱を出しました。病院に行き風邪薬を処方してもらうと、無事に熱は下がりました。しかし暴れん坊でじっとしていられないはずの息子が、平熱になっても動き回ることがなく、元気がありませんでした。

日頃と異なる様子に違和感を覚え、動く姿をじっくり観察すると、右足を引きずりながら歩いていることに気が付きました。そこで本人に痛みの場所や度合いを尋ねましたが、要領を得ません。

すぐに近くの整形外科を受診すると、股関節の捻挫と診断され、自宅で安静にするよう指導をいただきました。しかし、そこから一週間が経過しても改善されません。そこで、大きな総合病院の整形外科を受診することにしたのです。

今度は、股関節炎と診断されました。

一週間入院して安静にしていれば治ると言われ一安心しましたが、息子は退院の日になっても、入院前と変わらない姿で右足を引きずるように歩いていました。前にも増して元気の無い息子の様子に不安を感じ、医師に尋ねると「精神的な原因で足を引きずることがあるので、退院して様子を見ましょう」とのお返事でした。

一人っ子で、両祖父母や大勢の大人たちに囲まれ、愛しまれている環境が、息子を我儘にし、精神的に不安定にしたのかと、日頃の教育を反省し、改めることにしました。

痛そうな素振りを見せる息子に「痛くないでしょ」と強く言い、息子は「痛くないよ」と答える日々が、一週間ほど続いたと思います。

ついに息子は、一日中椅子に座り、トイレのときだけよちよちと移動するくらいしかできないほど元気を無くしてしまいました。

この異常事態に私の父母は、もう一度、整形外科の専門医に受診することを薦めてくれました。

私たち夫婦も、あまりの様子に精神的な要因ではないと考え始めていたので、すがる思いで横浜の総合病院に勤める兄の知人である整形外科医を訪ねました。

ＭＲＩ検査を受け『小児化膿性股関節炎』であることが判明。

この病気は激痛を伴い、診断の遅れや不適切な治療が、関節の破壊、変形をもたらし、重篤な後遺障害を残し得る緊急疾患であると医師から説明され、息子は緊急手術と一か月の入院治療を受けたのです。

発症から治療まで、あまりに遠回りをし、時間だけが経過していましたが、奇跡的に後遺症は無く、その後は元気いっぱい、真剣にスポーツに打ち込める体力を得ることができました。

親としての過ちを猛省した経験ですが、彼のことを一心に考え、行動した2か月だったと思います。

そしてこのことがきっかけとなり、**規則正しい睡眠と栄養バランスを考えた三度の食事を基本とし、身体の健全育成を目指すことにしたのです。また、一方的な考えで息子を観察せず、多様な状況確認をしつつ、精神の健全育成を心掛け『心身共に安心できる生活』を築く必要性を実感した**のです。

私は39歳のときに人生初の就職をしました。息子が中学生のときです。

それからは、家族全員の生活を守ることに夢中で、母親として不十分な部分もありましたが、最低限の環境だけは守ってあげることができたと思っています。

NO. 02

ある時期までは親と子は対等ではない

時代錯誤と言われそうですが、親と子はある時期まで決して対等ではないと思っています。それは優劣や高下を指すのではありません。**親子関係では、守る側と守られる側が、ある時期までは明確に存在するという考えです。**場合によっては、守るべきものの成長を後押しするため、叱ることや大げさに讃えることも必要だと思います。

子供も中学生や高校生くらいになると、部活動などで疲れているからか、帰宅しても不機嫌なときがありました。練習や試合で、思うような結果が出せなかったのかもしれません。仲間との諍いがあったのかもしれません。指導者からきつく注意を受けたのかもしれません。体力的にきつくて、疲労困憊なのかもしれません。

「お疲れ様〜。ご飯できてるよ〜」と、息子に声を掛けても、ろくに返事もしないときがありました。私はそのような態度は絶対に許さず、叱っていました。

「ただいま」の挨拶に限らず、家人からの言葉がけに返事をしないのは、家族の和を形成する重要なキャッチボールを放棄していることと同じです。私の息子は野球でしたが、部活動を存分に楽しめる環境への感謝が欠如しているとも見受けられました。だから私は叱るのです。

世界中を見渡せば、飢餓で幼い命が失われています。

スポーツができる環境に無い子供たちがたくさんいることを知らずに、特別な環境を当たり前のように感じてはならない。**共に活動する仲間への感謝、指導者への感謝、親への感謝を持ってこそ、全力で野球に打ち込めると考えていた**からです。


息子が中学生のときに、こんな出来事がありました。

彼が所属していたシニアリーグのチームは、週に2回、江戸川球場や駒沢球場で夜間練習を行っていました。終了は夜の9時頃だったため、私が車で迎えに行くこともしばしば。私は息子のみならず、チームの練習を見るのが大好きで、その日も迎えのついでにスタンドから見学をしていました。

すると、息子の練習態度がすごく悪いことに気がつきました。打てない、エラーをするなどの技術的なことではありません。移動するにしてもダッシュではなく、ダラダラと走っているのが明白で、気が入っていないのです。

全力で練習しないのなら、彼にとって鍛錬にならないと思いますし、怪我の原因にもなります。ましてや、ボランティアで夜間まで指導してくださるコーチ陣や仕事終わりにお手伝いしてくださる父母の方々に失礼だと感じたのです。

私は、練習が終わった息子が助手席に乗るやいなや、ものすごい勢いで叱りました。その様子を見ていたコーチの方から、「藤﨑のお母さんがあんなに怖いって知らなかった」と、後日息子は言われたそうです。

「心身共に安定できる環境」を提供していれば、このように親が子に対し、自信を持って叱ることが可能だと思います。息子より人生経験が少しばかり豊富な大人として、誤った行いを指摘することは必要なことと考えていました。

そんなことがあったからか、息子が高校野球を引退するときにも、印象深いエピソードがありました。それは、顧問の先生方、監督やコーチ、ＯＢの方々、部員やその父母が集い、３年間の思い出を語り合い、旅立つ選手たちを激励する硬式野球部主催の卒部の会のときです。その席で、ＯＢのお一人が卒業生に労いの言葉をくださいました。

「このチームは、素晴らしいチームです。この場で披露したいエピソードがあります。高齢のＯＢが町田グランドの練習に激励も含め、見学にいらしてくださったときです。

ご存じの通り、グランドに行くには急な階段を降りなければなりません。その方が躊躇されていると、身体の大きな選手が近寄っていきました。そして、その方の前にしゃがむと、背中を差し出し、その方をおぶって階段を降りて行ったのです」。

その大きな背中とは、息子のことでした。

野球の技術面においては、息子の願うようにはいかないことも多く、彼のたくさんの苦悩を傍で感じていましたが、野球の上達以上に、心に実り多き3年間であったと、我がことのように嬉しく思いました。

褒めるより、叱る方が多い日常でしたが、この時ばかりは少々大げさに讃えました。照れくさそうに……丸坊主のはにかむ息子の笑顔は、最高に可愛かったです。

あくまでもある時期まで、**我が家の場合は学生まででしたが、叱咤激励をしてきました。しかしそれ以降は、親子であっても対等な関係に変化しています。**

息子も今では31歳になり、家庭を築き、親になりました。自身の人生を歩むことで、私が経験していない経験もたくさん積んできているようです。

私の知らない世界で知り得た知恵や考察力は、私の持つそれとは異なり、かつ興味

深く、いまや相談や議論をする関係へと変化したのです。

２０１５年12月。私が49歳、息子が25歳の時、夫を亡くしました。その10年前より体調を崩し、心筋梗塞を3回。脳梗塞が1回。亡くなる7年前に発症した脳梗塞の後遺症により、左半身麻痺という不自由な身体でありながらも、懸命に生きようとしていました。しかし無情にも夢半ばで病に倒れ、最後は高熱が続き、治療のために入院していた病院で心臓発作を起こし、天に召されてしまいました。

最期の時、心肺停止した夫に、医師団は1時間以上も代わる代わる懸命に心臓マッサージを続けてくださいました。夫の死を受け入れ、看取る心の準備の無い私は、ただおろおろするばかり。

そんな極限な状態のとき、息子は医師に「先生、父は戻りますか」と聞いたのです。医師は「戻ることはありません」と。息子の「ありがとうございました」の言葉と共に、夫は61歳の生涯を閉じました。本来なら、その役目は私が負うべきだったかもしれません。不甲斐ない私に代わって夫の死を受け入れ、医師に伝えてくれた息子の頼もしい姿に、ただただ感謝の気持ちしかありませんでした。

NO. 03

どこにいようが自分らしさを失わない人間に育てる

夫も私も息子も、墨田区で生まれ育ちました。

墨田区は、２０１２年5月に東京スカイツリーが開業し、街の様子は少し変化しましたが、春は墨堤の桜、夏は隅田川花火、秋は氏子である牛島神社のお祭り、冬には隅田川七福神参りと四季折々の行事が街を彩り、町会単位の活動も多く、近隣の皆さんと親しくお付き合いのできる環境にあります。家の外で子供が遊んでいると、自然と近所の子供たちが集まり、行きかう人々が声を掛け合うような、そんな賑やかな街で息子は生まれ育ちました。

偶然にもお隣、道を挟んだ両側の半径10ｍ以内に息子を含めた男の子４人が同じ年に生まれました。よちよち歩きの時から家の前の路地で遊び、三輪車も同じ頃から乗り始めるなど、４人はいつも一緒に遊んでいました。

小学生になってからは、週末は地元リトルリーグチームで野球三昧。夏休みは朝練が終わると連日自転車で集まり、プールや公園に行ったり、天気が悪ければ我が家に集まっては、地元の仲間と集団で遊び回っていました。

傍若無人な自転車の運転に、大声を出して注意することもしばしば。公営プールでの暴れっぷりを近隣の方に目撃され、叱ったことも何度かあります。

しかし元気に走り回る彼らの行動力と体力には、頼もしさを感じて内心嬉しく思っていました。まさに下町の少年たちの過ごし方を満喫している様子でした。

一方息子は、地元の小学校ではなく、通学に1時間ほどかかる私立の小学校に通っていました。ラグビー部に所属し、毎週土曜日に行われる午前中の練習に参加していました。丸坊主(野球をする上で気合が入るとの本人の希望から、6年生の時は五厘坊主でした)ながら、スタイリッシュなお友達との時間も楽しんでいたようです。

金足ラグビースクールとの交流試合で、秋田県に遠征したときのことです。フォワードで体格の良い坊主頭の息子と、バックスのお友達とで記念写真を撮りました。スラっとしたお友達のおばあ様がその写真をご覧になり「やっぱり秋田の選手はたくましいねぇ〜」と、息子を指しておっしゃったそうです。その写真は我が家にもありますが、何度見てもおばあ様の言葉に頷いてしまいます。

このように息子は、地元のお友達と学校のお友達という双方の異なる雰囲気を味わいながら成長していきました。要するに、「地元のお友達とばかり遊びなさい」でもなければ、「学校のお友達とだけ遊びなさい」でもありません。

両方でバランス良く過ごすことが大切だと考えていました。

これは、子供を育てる上で、私が重要視していたことになります。**どこの場所にいても、同じ自分でいられる人間に育つこと。場所に左右されることなく、どの環境下においても全力で遊んだり、勉強したりできるような人間に成長してくれるように願ってきました。**

何故なら、**どんな時も自分自身を見失わない人間に育ってほしかった**からです。生きていれば、様々な環境や人々の中で過ごすことになるわけです。もしかしたら、自分のポジションを見失うこともあるかもしれません。そんな時、周囲の環境や人々に流され惑わされないための、大地をしっかり歩むためのトレーニングになります。

また、両方でバランス良く過ごすことで、**多様な価値観を理解できるとも思いました。環境の違いは、価値観の違いにもなります。しかし、両方の価値観に正誤は無いのです。**にもかかわらず、価値観の違いで他者を否定し、排除してしまうことが、往々にしてあるように思います。

それは一定の環境や価値観の中だけで生活していると、他の価値観を理解し辛くなり、自分の常識がすべての常識であると錯覚してしまうからかもしれません。

例えば息子の場合、地元の友達とは親の同行が無くても区内中を自転車で走り回ることができましたが、学校の友達とはできない環境でした。これはお友達の家が近隣か、区を跨ぐほど遠方かの違いからです。当たり前の理由ですが、当事者以外の理由を知らない第三者から見ると、違った理解をしてしまうかもしれません。

「私立の子供は箱入りだ」とか……。いえいえ、ほとんどの生徒は小学1年生のときから親の付き添いなしで、電車やバスに乗って30分から1時間かけて通学しているので、結構たくましいのです。

このように外から感じるのと、内から体験するのとでは大きな差が生まれます。

そのため息子には、**地元と学校の双方のお友達と全力で遊ぶことで、それぞれの環境から生まれる価値観を理解してほしい**と思いました。

そのことが多様性を認める感覚となり、誰に対しても分け隔てなく平等に接することができる人間へと成長することに繋がると期待していました。

その後息子は、当時大学硬式野球全国大会3連覇中の大学に憧れ、進学しました。チームメイトでプロ野球選手になられた方が10名というスター選手ばかりのチームに、実績の無いまま飛び込んだのです。

大学の寮生活は厳しいと評判で、入寮の朝には、同じ経験をされたシニアリーグ時代のコーチから「厳しいと思うが、とにかく我慢して頑張ってこい！」と心配のお電話をいただくほどでした。大学側からは、実績の無い選手だからか、すぐに脱落すると思われていたようで、通常持参する備品について「わざわざ持ってこなくていいですよ。貸し出しますから」と、言われたほどです。もちろん全てを用意し、入寮していきました。結果、息子は周囲の予想に反し、充実した4年間を寮で過ごしたのです。

その後、息子は独立リーグに行き、寮生活となるのですが、簡単に再びさらっと入寮していきました。実は私自身も息子同様にさらっとしたところがあり、同期のお母様方は食べ物などの差入れをたくさん寮に送っていましたが、「生活費を送っているから大丈夫でしょ！　互いに頑張りましょ！」というというスタンスでした。

実際、息子は大学の寮生活では元気が良すぎて、反省のために実家に戻され、息子と二人で監督さんにお詫びに伺ったことがあるくらいです。

NO. 04

子供を評価するときは自身の目と心を使う

学校での一日の出来事を、子供が話してくれるのは、例えそれがどんな内容であるにせよ、親子のコミュニケーションとしては、とても良いことです。話を聞くだけで、子供の学校での友達づきあいや立場、考え方などを知ることができるからです。

そのため私は、「うん、うん」と相槌を打つだけで、感想などは言わず、聞き役に徹するように心がけていました。感想を言うことで、話の腰を折ってしまうことがあるからです。とにかく子供が気持ちよく、すべてを話してくれるように仕向けていました。

このとき、「誰々君が、誰々君に何々したんだよ」などと、友達同士のいざこざを話してくれることがありました。

別にこれは子供だけに限ったことではなく、「AさんがBさんに、こんなことをしたんだよ」と、Cさんが私に話してくれることって、誰にでもあると思います。

Cさん＝息子の場合、私は常に「それがどうしたの？　その出来事はあなたには関係ないでしょ」と、敢えて気のない返答をしていました。

「AさんがBさんから悪口を言われて可哀想だった」とか、**子供がそのとき感じた、お友達の痛みや悲しみについて共有できたことは褒めます。しかし、自分が当事者でな**

いことを、私にわざわざ伝えなくてもいいかなと、思います。

ましてや「Bさんに悪口を言うAさんは最低な人間だ」というような、自分が思う他人の評価を、私だったり他者に強要するのは良くないと思うのです。

例えばこれが、目の前でお友達が暴力をふるわれていたり、いじめられていたり、すごく泣かされていたのを止めに入ったり、仲裁したりするのは、自分が当事者でなくても当たり前の行為だと思いますし、進んでできる子供に育ってほしいと思います。

しかし、お友達同士の喧嘩を、当人でもないのに、その理由を想像して一方のお友達のことを、その子があたかも悪者のように私に伝えるというのは、意味のないことだと思っています。

自分がお友達と喧嘩をして、『自分が相手にこうした』とか『相手から実際にこうされた』という実体験の結果、自分が当事者として相手であるお友達のことを評価し、私に話す分にはかまわないと思います。そうではなく、他人同士の喧嘩を想像の範囲だけで、一方のお友達のことを自分なりに評価し、それを私に話すというのは意味のないことだから、私には話さなくていいと、息子にはよく伝えていました。

必要なのは、**自分が実際に体験した、直接的なことだけで他者を判断することです。誰かの話だけで他者を判断しない**、というのは常々私が思っていることであり、**自分が体験した情報だけで、他者を理解する技術を培ってもらいたい**のです。これにより、他者からの言葉に惑わない、自身の中にしっかりとした芯や基準ができるのです。

特に学校や職場など集団の中に身を置いているときはなおさらです。元気な子や力のある人が言ったことに、たとえそれが間違っていたとしても、周囲が同調してしまうからです。

これは『悪い同調』と呼ばれ、最近はネット社会などでも問題になっています。そのため、**集団心理で物事を解決しない**というのは、とても重要なことになるのです。

最近はネット社会で、世の中に情報が溢れています。

自分で実際に何度も訪れ、お料理や接客を気に入っているレストランの評価を、SNSなどで見てしまったらどうでしょう。何件かが悪い評価だったら、自分の評価を信じられなくなってしまうことって、往々にしてあることだと思います。

これがレストランではなく、お友達だとしても同じです。**人づてに聞いた悪い評判**

の人を、自分も信じられなくなってしまうのです。人づての評判がなかったら、自分の気持ちだけで純粋に判断できるため、信じられる人が増えるというわけです。

私にも、こんな経験があります。息子は小さかった頃、かなりのきかん坊だったため、お友達と喧嘩して、相手のお父さんからお怒りの電話がかかってきたことがありました。実際に自分がその場にいて見ているわけではないので、真実はわかりません。ですから、相手のお父さんからの言葉だけで、息子のことを責めたりはしませんでした。

ただ息子は身体が人一倍大きく、活発で力も強く、声も大きかったので、「もしかしたら息子がしでかしたかも?」という前提で、学校での出来事であれば先生に確認するようにしていました。この件については既にご存じで、解決しているかもしれないからです。もし学校の判断で解決していたら、私は学校でのジャッジを尊重するようにしていました。

もちろん、電話をかけてきた親御さんには謝りましたし、万が一相手に怪我をさせたのなら、それについては二度としないように厳重に叱りますが、相手のお父さんか

らの言葉だけで、自分の子供のことを判断しようとは思いませんでした。見ていない
ことなので判断のしようがないのです。この時は、先生に確認したところ、そのお父さ
んに誤解があったようでした。

　子供は怒られたくないので、都合のいいように親に話します。それは相手のお子さ
んもですし、息子もです。そのため、**息子から話を聞いても信じたいけれど、息子の言
葉を100%信じないようにと心がけていました。全部を信じてしまうと、我が子の
可愛さから、判断を誤る可能性があるからです。**それでも息子には、「息子の言葉を信
じる」と、明確に伝えていました。これにより、子供は親から信頼されていることを学
びますし、仮に嘘をついていたら、心がモヤモヤするはずです。このモヤモヤ感が、次
回は正直に話そうという気持ちにさせるのだと思います。

　それに、もし一方的に息子が悪かったなら、その子との友達関係は当然ですが壊れ
てしまいますよね。でもたいていの場合、喧嘩って一過性のもので、お互いに悪ければ
仲直りをして、その後も友情関係は続くわけです。ですから真実は後になればわかる
と思っていました。

ドムドムハンバーガーの社長になったいま、この考えは従業員に対しても同じだと思って行動しています。もちろん、社長の私が全社員のことを直接的に評価することはありません。各自の上長が、それぞれの部下を評価するわけですが、店長や店長に準ずるぐらいのバイトの方などとは、ＬＩＮＥなどで直接的に話ができるような関係にしています。

もちろん、ドムドムハンバーガーに入社した当時、私が東日本の統括エリアマネージャーをしていた時代と比べると、店舗の巡回だけでなく、スタッフとのコミュニケーションも少なくなりました。しかも最近はコロナ禍により、従業員とのコミュニケーションは、ますます少なくなってきています。**それでも私は、自分の目で見たこと、感じたことを大切にして仕事をするように心がけています。**

ドムドムハンバーガーにはそんな人はいませんが、能力ではなく好き嫌いで部下のことを評価する上長がいたとしても、社長の私が一人一人とコミュニケーションを取るようにしていれば、仲間のことを自分の感情だけで評価することはできないと思うのです。もちろん弊社のような規模の小さな会社だからできることかもしれませんが、そういうことが風通しの良い会社なのだと思います。

実は先日、新幹線での移動中にこんなことがありました。コロナ禍のため、一年以上も訪れていなかった店舗のアルバイトさんから、働く環境や人間関係について、私に直接相談の電話があったのです。

そこで早速、私は信頼のおける社員の一人に連絡し、一日がかりで店舗まで足を運んでもらいました。この素早い対応により、アルバイト側の一方的な意見だけでなく、該当者の意見も聞いて、無事に解決することができました。

私は会社という縦組織において、現場の意見が正確に私の耳に届くように、縦組織における各ポジションに、信頼のおけるメンバーを置くようにしていたのです。

先の子供の問題でも同じですが、**時間を置くと心の問題は風化してしまいます。**息子の喧嘩の件なら、学校の先生には、すぐさま電話をしていました。もし息子が嘘をついていたら、その場でバレてしまうわけですし、息子が正しければ、そのことがすぐに親の私に伝わり、より信頼関係が深まるからです。アルバイトさんからの電話もそうですが、**自身の目と心を使ってスピーディーに対応することが大切なのです。**

NO. 05

子育てや介護の
ビタミン剤は『安らぎ』

突然、夫が心筋梗塞で倒れたのは、私が39歳のときです。その後、脳梗塞を患ったのは、夫が55歳、私が43歳のときでした。左半身麻痺の後遺症が残り、介護が必要な度合いを示す要介護度で『要介護4』という状態になりました。

要介護4とは、日常生活全般において常時全面的な介助が必要となる重度の度合いで、食事、排泄、入浴といった身のまわりのことや家事が自分ひとりではできない状態になります。

夫の落選と病により、家計を守るために仕事をせざるを得なくなった私は、知人の紹介でSHIBUYA109のアパレルショップの雇われ店長として働くことになりました。短大を卒業後、就職せずにすぐに婚約、一年後に夫と結婚したため、これが人生初の就職でした。脳梗塞で倒れてからは、忙しい仕事に加え、夫の在宅介護をしながらの生活でした。我ながら体力的にはかなり大変だったと思いますが、そんなことに気づかないほど、無我夢中で毎日を過ごしていました。

在宅介護に切り替えたのは、脳梗塞で倒れてから約半年後、杖と装具を使いゆっくりと歩けるようになったタイミングででした。一人では仕事と介護の両立は難しく、ヘルパーさんの力をお借りすることを決めました。月曜から土曜まで、私の仕事がある日は毎日、夫の介護をお願いしました。

ヘルパーさんとは『伝達ノート』を活用し、夫の様子やお願いしたい事柄を記入してコミュニケーションを図っていました。このように、食事や身の回りの世話を専門家に助けていただいたおかげで、勤務中でも安心して業務に集中できるようになり、仕事と介護をなんとか両立することができたのです。

周囲の方々から、「仕事をしながらの介護はさぞかし大変でしょう」と言われることも多々ありましたが、**肉体的にはきつかったものの、精神的には仕事という夢中になれることがあったために気が紛れていた**と思います。

あくまでも私の経験からの考えですが、家族の誰かが倒れ、介護を要する生活になったとしても、**介護だけにすべての時間を注ぐのではなく、一つでも夢中になれることを探し、心を離す時間を持つことが大切だと思います。**例えそれが何であろうとも、介護をするうえで自分自身のビタミン剤となるのであれば、誰かに批判されるようなことはないと考えています。

私の場合はそれが仕事でしたが、打ち込めるものがあって本当に良かったと思います。仕事中は強制的に仕事のことだけを考えるようになります。

「どうしたら少しでも店の売り上げを伸ばすことができるのか」を必死に考えていましたから、職場にいるときは夫のことを一旦は忘れるというか、置いておくことができたのです。もちろん仕事が終わり、帰りの車の中では夫のことを考えますし、家にいる間も介護のことだけを考えていました。

介護をするようになってからは、睡眠時間を確保しないと昼間の仕事に差し支えるため、別々の部屋で寝ることにしました。それでも夫が夜中にトイレに行くと、「コツコツ」と杖をつく物音に目が覚め、眠りの浅い毎日でした。**介護というのは、それぐらい張り詰めた生活を強いられる状況だということです。**

そんな中でも心が折れることなく前向きに介護に取り組むことができたのは、私の場合は仕事があったからだと思います。

『夢中になれるものを持つ』ことは、夫や妻といったパートナーだけでなく、ご両親の介護などすべてに言えるのではないでしょうか。

日本は少子高齢化に向かっています。働きながら介護をしなければならないケースは、ますます増えていくと思います。親の介護が終わったと思ったら、今度は保険会社から自分の介護保険の加入を勧められた、なんて笑い話があるほどです。

例えば、「日常的に介護が必要な旦那さんを置いて奥さんがダンス教室に行くなんて信じられない」とか「旦那さんが可哀想」とか、とやかく言う人はいるかもしれません。しかし、**現代社会の在り方は多様であり、旧態依然の考え方に囚われることは無いと思っています。**それが仕事であっても、趣味であってもです。

私は仕事でしたが、自分の時間を持てたことで、心が救われたことに間違いはありません。

私には『自己完結型』の部分があり、周囲の人たちからどう思われたいかより、「自分がどうしたいのか」と考える傾向があります。そのため、周囲の目をあまり気にしませんが、働き盛りの大切なパートナーを介護をするという苦しさや悲しさや葛藤は、当事者でないかぎり他者には絶対にわからないでしょう。

その前提があるからこそ、**安らぎのビタミン剤が必要**だと思うのです。

もちろん、「夫や妻の介護に１００％全力で向き合いたい！」という方もいらっしゃると思います。そうすることで心と体のバランスが保てるのであれば、それは素晴らしいことだと思います

そうではなく、「毎日しんどいけど頑張るしかない」と、すべてを抱え込みながら介護を続けているとしたら、介護とは違う別の時間を作ることが、結果的に気持ちよく介護と向き合う有効な手段になるのでは、と考えるのです。

私が新橋の居酒屋で働いていたときのことです。

数名でお店に来てくださった同年代のお客様が、後日ひとりで訪れてくださいました。前回いらしたときに、夫の介護中だということをお話ししたからかもしれません。

この方もご主人が突然倒れ、これからどうやって生きていけばいいのか、不安で頭の中が真っ白になってしまったようです。その時は入院中でしたが、退院後どう過ごせばよいか悩んでいらっしゃいました。

少しでも力になれればと、私の経験を詳細にお話ししたところ、「とても気持ちが楽になりました」と晴れやかな笑顔になり、最後はハグをして別れた記憶があります。

すべてにおいて言えることかもしれませんが、**実際に経験した人からのアドバイスに勝るものはないのかもしれません。**

それ以来、その方とはお会いしていませんが、元気に生活してくださっていることを心から願っています。

私は**夫を介護するにあたり、行政サービスにたくさんお世話になりました。**

今は、相談室が併設されている病院も多く、先日叔母が大腿骨骨折をした時も、転院先や介護申請のことなど親切にご指導いただきました。

夫の時も退院前にケアマネージャーさんに相談し、家のベッドや手すり、お風呂やトイレの工事を行いました。その費用の一部も助成していただけることを知り、大変助かりました。

ヘルパーさんにもたくさんお世話になり、経験したからこそ行政の仕組みを知ることができましたし、人へのありがたみを心底感じることができました。本当に感謝しています。

行政のサービスは多種多様です。しっかりと情報収集し、少しでも負担を減らすために積極的に利用してみてはいかがでしょうか。

もちろん、これらは**介護だけに限らず、育児においても同じ**だと思います。

もはや、育児は女性だけがそのすべてを担う時代ではありません。出産は、昔も今も変わらず女性の役目になりますが、その後の子育ては当然のように夫婦が協力して行うという認識であってほしいと思います。

特に、女性の社会への参画を考えるのであれば、会社は気軽に育児休暇を取得できる体制を整え、従業員側も勤務している会社の仕組みを知ることが重要になります。

何でもかんでも自分たちで抱え込むのではなく、時には家事代行サービスなどを利用して負担を減らし、心に余裕を持つことで楽しく育児ができるように工夫することも一つの方法です。他人を家に上げたり、目の行き届かないところで子供の面倒を見てもらったり、双方の実家に頼ることに抵抗がある人はまだまだ多いかもしれませんが、ワンオペで自分や夫婦仲が壊れてしまう前に、自分たちのライフスタイルを快適に保つためにも誰かの助けを求め、できた時間にビタミン剤を投入しては如何でしょうか。

第2章

部下との関係力

NO. 06

和をもって事を運ぶ

私の**仕事に対する流儀を一言で表すとすれば、「和をもって事を運ぶ」**になります。

『十七条憲法』の冒頭で「和をもって貴しとなす」と聖徳太子が掲げているように、人と人は争うことなく仲むつまじく親しくすることが貴いことであると考えます。『仲むつまじく親しくする』とは、調和すること、議論して分かり合うことであり、この姿勢こそが「事」を順調に運ぶことにつながると思っています。

会社ならば、温かい雰囲気の職場環境づくりを目指す必要があります。

私が**常に心がけていることは、『部下に対し、決して威圧的な態度をとらない』**ということです。上から目線で接するのではなく、時には見守ることも必要ですし、口頭で注意しなければならないときは、優しく伝えるようにしています。

強烈な言葉や態度は、一瞬にしてその場の和を乱し、叱られた当人だけでなく、周囲も不愉快な気持ちにさせてしまうでしょう。

会社などの組織においては、一人ひとりが、周囲の人たちに多かれ少なかれ影響を与えています。職場の雰囲気が悪いと良い発想やアイデアも生まれにくいだけでなく、それこそ良い影響を人に与えることなどできないと思うのです。

当たり前ですが、上に立つ人間が初めから威圧的な態度だと部下たちは委縮してしまいます。結果、**上司に対して自由に発言できない職場になってしまうでしょう。**また、威圧的な態度の上司は、人の話を聞くという姿勢が損なわれている可能性があります。そのため新しいアイデアを部下が発信していたとしても、気づかずに聞き逃してしまうかもしれないのです。この緊張状態は、会社にとって極めて「もったいない」状況になるのです。

ある有名な洋食屋さんのカウンター席で母と食事をしていたときのことです。

そこの料理長はとても有名な方なのですが、お客様がいるにもかかわらず、スタッフのことをものすごく叱責するのです。

料理長からしたら、美味しい料理を提供しよう、より良いサービスを提供しようという強い思いから、リアルタイムでスタッフに注意しているのだと思うのですが、カウンター席からその様子を見ていた（嫌でも目に入ってきてしまう）母と私は、とても居心地が悪くなってしまいました。

これは、ドムドムハンバーガーの各店舗でも、同様に言えることです。お店に出向き、「丸ごと!!カニバーガー」を食べているときに、自分の目の前でバイトの女の子が店長に激しく叱られていたら、まるで自分が叱られているかのように、とても不愉快な気持ちになることでしょう。

せっかく、楽しみにしていた「ソフトシェルクラブの柔らかい脱皮したてのカニの美味しさ」を味わえないと思います。

『和をもって事を運ぶ』ためには、思いやりのある言葉をかけること。

思いがなければ言葉には出てきません。日常的に相手を思う気持ちがあれば、自然と言葉に出てくるはずです。思いやりのある言葉をかけられれば、それが相手に伝わり、お互いを理解して協力する姿勢が生まれてくると思うのです。

うわべだけでは何をやってもいつまでもわかり合えないのです。**心の底から出てくる真の言葉は、信頼関係を構築する上でもベースとなる大切なツール**だと思っています。

これは部下と上司という関係でなくても、友達同士やサークル仲間といった関係でも同様です。私がまだ働きに出る前、政治家の夫のことを妻としてサポートしていたときも同じでした。

政治家は、本当に多くのボランティアの方々に支えられて成り立っているという部分があります。

ボランティアの方々は、直接的な利益は求めずに協力してくださっているわけです。それは、宣伝カーを運転してくださる方だったり、うぐいす嬢として街ゆく人々に、本人の政策を訴え続けてくださる方だったり、事務所でハガキの宛名書きをしてくださる方だったり、街頭演説のときに立ちっぱなしでビラを配り続けてくださる方だったり、実にさまざまです。

このように無条件でサポートしていただいているボランティアの方々への感謝の気持ちは、言葉では言い表せないほどです。だからこそ、ボランティアの方々が集まるときには、できる限りその場の雰囲気作りに努めるようにしていました。**心から感謝を表すには、態度で示すことが大切で、特に笑顔や挨拶は必須でした。**

選挙は、いわば戦いです。

特に私の夫は政治家が専業でしたから、もし落選するようなことがあれば無職になってしまうのです。

そのため必死さが強すぎるあまり、後援者やボランティアの方々に強い口調や態度で「ポスターの貼り方が悪い」などと、威圧的に注意してしまうこともありました。そのような場面を見たときには、妻である私がフォローする役目だと思って、後からこっそりその方に謝っていました。

その場で夫をいさめたりするようなことはせず、後から相手の方にだけ言葉で伝えて謝る感じです。夫は政治に対する思いがとても強い人で、あまりに度が過ぎたように見えるときには、いち早く私が察してその場の雰囲気を変えるような行動を差し込んでいました。

シチュエーションはさまざまですが、どんな状況でも**関わっているのは人と人です。それぞれの感情にトゲが生えることなく一つの目標に向かって進める環境がベストである**ことに間違いありません。

NO. 07

考えを広めたければ、部下から信頼される人間になれ

ドムドムフードサービスの社長になって、これからこの会社をどのように盛り上げていこうかと考えたとき、最初に考えたのが、「現場である店舗の声にしっかりと耳を傾ける」ということでした。

お客様と相対するのは、紛れもなく現場のスタッフです。

現場のスタッフがお客様と接して感じた思いを、全社で共有して次の施策に活かすことが、経営戦略にとって必須だと思います。

特に商品の評判やオペレーション効率の状況などについては、現場のスタッフの生の声を聴取することが重要になります。

お客様にダイレクトに笑顔を提供できるのは、現場のスタッフだけです。その**笑顔が絶えることがないよう、いい環境を整えるのが、私たち本部の役割**なのです。そのために私は、従業員たちのさまざまな意見を、逃さず聞くように心がけています。

例えば、「ドムドムハンバーガーで採用している店舗用ユニフォームが、真夏に着るには暑い！」という声が現場からあがってきました。

着心地などを肌で実感できるのは、実際に着用しているスタッフだけです。早速、現場の意見を聴取することで改善点を検討し、夏でも快適に着用できるユニフォームへとリニューアルしました。

少しでも不快なことがあれば真摯に受けとめ、改善できることは早急に対応することが快適へと変わり、そこから笑顔が生まれるのです。そしてその**笑顔はお客様に伝わり、スタッフの対応のよさに広がっていく**のです。

さらに現場の声が本部にしっかり届くということは、社員やアルバイトの方々にとって、安心感につながるのではないかと思います。

ユニフォーム一つにしても、勇気を出して発した声が、本部に引き揚げられ、スピーディに改善されていく様子が目に見えてわかれば、**「これからも積極的に声を上げてみよう」という気持ちになれるわけです。その体制こそが働きやすい環境づくりにつながっていく**と、私は信じています。

また一方で、**経営陣の〝やりたいこと〟、本部の取り組み、営業スタッフが考えていることなどを、店舗のスタッフたちに丁寧に伝えていくことが重要**だと、考えます。

現場のスタッフが深く理解できないことを、本部がどんなに進めても、できるはずがありません。

万が一、理解できていないまま業務を遂行できたとしても、ドムドムハンバーガー全体が提供したいと思っているサービスと、ブレが生じてしまうと思います。

そうならないための最初のステップとして、まずは店長クラスの人たちと近しい関係になる必要があると感じ、私自身が実際に各店舗をまわるようにしました。

顔と顔をつき合わせて、会社の意図することや考えを直接伝えることが、従業員一人ひとりにまで浸透させる最善の方法だと思ったからです。もちろん相手の話も聞くことができます。

私はドムドムフードサービスに入社してわずか9か月で社長になりました。どこから来た何者なのかもわからない人が、突然社長になったのですから、不安に感じていたスタッフもたくさんいたと思います。そういう背景があるからこそ、信頼関係を構築することが先決だと考えたのです。自分もですが、**信頼関係のある人からの言葉は、深く心に響くものです。**

２０１９年10月に発売した『丸ごと‼カニバーガー』は、当初３か月分の食材を用意してスタートしました。しかし、予想外の大人気となり、発売後１か月で売り切れてしまい、強制的に販売終了となってしまいました。

そこで、２０２０年９月にオープンした『ドムドムハンバーガー浅草花やしき店』のオープン記念で再販することを決めたのです。

前回同様、用意できる限界の数を揃えて臨んだのですが、驚いたことに今度は発売後一週間で完売してしまいました。

『丸ごと‼カニバーガー』は、見た目のインパクトと間違いの無い美味しさからSNSで話題となり、拡散していただいたおかげで、お客様に迷惑をかけるほどのヒット商品になったのです。

ただ、カニバーガーのような商品を販売できたのは、現場のスタッフと本社開発部との信頼関係があったからこそだと、私は思っています。

理由は、このような商品を販売するには、ファーストフード業界では考えられないような複雑なオペレーションを駆使して作らなければならないからです。

例えば、一般的なフィッシュバーガーの具材は、衣が付いた状態で保管されており、それを揚げて提供しているのですが、カニバーガーは、各店舗でカニを解凍し、水分を丁寧に拭き取ってから衣を付けて揚げています。こんなにも手間のかかる作業を現場のスタッフが快くやってくれるのは、本部に対し信頼があるからこそだと、私は思います。

例え準備に時間を要するハンバーガーであったとしても、本部がメニューに加えるからには、『売れる』『お店が盛り上がる』など、十分なメリットがあってのことだろうと理解してもらっているのです。

労力を費やすことで、ドムドムハンバーガーという名が、よりお客様から認知され、いい方向に向かうという信頼があってこそ、納得して引き受けてくれるのです。店舗のスタッフたちと本部の関係性が、太いパイプで繋がっていなかったら、こんなに面倒なオペレーションはできないでしょう。

結果的に「丸ごと!!カニバーガー」は、土日を中心にブレイクしました。コロナ禍であっても数字を残すことができたのは、従業員の方からの『厚い信頼』があったからだと思っています。

NO. 08

部下には自分の想いや考えをしっかり伝える

就職経験のない39歳の私が、夫の落選と病に倒れたことを機に、生まれて初めて就職したのが、渋谷の中心に建つ、当時ギャルのファッションの聖地であったSHIBUYA109の6階10坪のアパレルショップでした。

ファッション関係の仕事に憧れていたわけでも、学んだわけでもなく、必要に迫られた私に友人が紹介をしてくれたのです。そのため、まったくのゼロからの挑戦。その仕事を決める前に私が試みたこと、それはSHIBUYA109を紹介していた雑誌を一冊買っただけでした。

勤め始めてから**最初にチャレンジしたのが、若いアルバイトの女の子とのコミュニケーションです。**良好な関係性を築くことが大切だと思い、月に1回は食事会を兼ねたミーティングを開いていました。

シフトの関係から全員が同じ時間に働いているわけではありません。そのため、意思の疏通を図るのが比較的難しい状況でした。

親睦を深めるためにも、お店が終わってから、全員を揃えて『ミーティング』の時間を設定し、「お店ってこういうものですよ」とか「挨拶はこうしましょう」という基礎的なことから、「どこどこが汚いから、毎月何日に掃除をしましょう」という、具体的な指示まで伝えるようにしていました。

食事会を兼ねたミーティングですから、流れでカラオケに行ったり、プリクラを撮ったりと、最後は単なる女子会のようになってしまうのですが、これも互いの心と心の距離を縮める上で貴重な時間だったと思っています。

その甲斐あって、店舗内でも活発に話す事ができるようになりました。ファッションにおいては皆が私の先生です。たくさん会話する事は、営業面にも大きく役立つことになりました。

そして、自分の想いを相手にたくさん伝えました。しゃべり過ぎじゃないかというぐらい、**自分の想いを言葉に出して話します。**

商品の方向性・ラックの使い方・店の方向性・スタッフとの関係性などなど、理由もまじえてスタッフには積極的に伝えるようにしました。

例えば「○○をやりましょう」と、結論だけを伝えても、相手は深く理解できないと思うのです。「なぜ、やろうとしているのか」という理由や過程を正しく話すことが大切です。

これからやろうとしていることの意味までわかると、仕事の質が見えてきます。**何のためにやって、どこを目的にしているのか。そこが見えてくると、自然と次のことを考えやすくなります。当然アイデアもわいてくるでしょうし、どんどん仕事が面白くなっていくと思うのです。**

結果、さまざまな部分で相乗効果が生まれてくるはずです。

だからこそ、しっかりと自分の考えや思いを言葉に出して部下や周囲の人たちに伝えることが、上に立つ者の義務だと考えます。

もしかしたらそれらは、**私が部下のことを信頼しているから、できること**なのかもしれません。言い換えれば、信頼できる仲間と仕事をしているのです。心と心の距離が縮まれば、自ずと信頼関係は構築されていくでしょう。

私は仕事を部下に任せたら、その仕事の責任は部下にあるということを促します。もちろん任せたのは私ですから、もし失敗するようなことが有ったとしたなら、すべて私の責任です。しかし、部下に任せると決めた以上は信じて一任します。

任せられ、責任を負い、自分で考えて行動していく中で成長できると思うのです。

任された仕事がワクワクするものであれば、自分の〝やりたいこと〟に変化するでしょう。そして自分の〝やりたいこと〟であったなら、たくさん考え、試し、最後までやり抜きたいと思うはずなのです。

意見を求められることも多いですが、その際は多少考えを伝えますが、「どうしたいの？　どう思うの？　何に困っているの？」など、むしろ当事者が考えを整理できるような言葉がけをしています。

そして、良いと感じたところはたくさん褒めるようにしています。不思議なことにそうしていると、感心させられる事が多くなるのです。

真剣に考え、努力して進めていることの中には、私の発想以上の考えや気づきが詰まっていることが多く、その共有は私の学びにもなっています。

会社を経営する上で、求めている人材を聞かれることが度々あるのですが、そのときは、**『〝やりたいこと〟が、やれる人』といつも答えています。**

その人は、〝やりたいこと〟を見つけ出す力を持つ人でもあります。それは難しい能力ではありません。周囲の環境をよく観察し、業務の在り方や進捗、他者の行動も含め柔軟に受け入れる素直な心を持つ姿勢です。固定観念にとらわれなければ、〝やりたいこと〟は見つけやすいと思うのです。

そして〝やれる人〟とは、〝やりたいこと〟を面白がり楽しめる人だと思います。自分の考えを閉じ込めたり諦めたりせずに突っ走るパワーも必要かもしれません。

例えば転職したり、部署が変わったりなどして、仕事の内容が変わったとします。しかし、**一旦新しい環境に入ったら、今度はそれが自分の〝やりたいこと〟に変化して、夢中になれる人って、本当に素晴らしい**と思います。

どの環境に身を置いたとしても、臨機応変に対応ができ、積極的に自分の〝やりたいこと〟を見つけ、行動に移せる。この資質も才能の一つですし、そういう人が近くにいるだけで、みんなもパワーを共有できるのではないでしょうか。

これからも、私自身が凛と立って、自分の〝やりたいこと〟や想いをしっかりと相手に伝えていきたいと思います。

NO. 09

自分らしさを部下にまで押し付けず相手を尊重する

ものごとを行う上で大切なことは、「自分らしさ」を自覚することであり、その上で「自分らしさ」を表現することです。

「自分らしさ」は、個性の表れですから、すごく大事なことだと思います。
自覚し、表現することは、自分へのリスペクトであり、自信という自己肯定感の表れでもあります。結果的に何事にも前向き、かつ積極的に挑戦することに繋がりますので、自分を成長させる原動力になるのです。

これって、とても素晴らしいことだと思いませんか。

しかしながら**「自分らしさ」を、周囲の人にまで押し付けてしまうのは間違いだと思っています。「自分らしさ」はその人の個性として、自分のやること（行動）に出していけばいい**と思うのです。

簡単な例でいえば、コンビニエンスストアやスーパーでの品出しの仕方などです。利き手によってもちょっとした差が出てくると思いますし、自分なりの並べ方やコツがあるはずです。

これらはレジでのつり銭の渡し方や接客などでも同様で、**「自分らしいやり方」は誰にでもあると思います。しかし、それを部下や周囲の人たちにまで強要する必要はありません。**

もちろん決まったマニュアルがあれば別ですが、自分なりのやり方を部下などに強制的に押し付けるべきではないのです。

ただし、効率の問題は別です。人件費率などの観点から効率化を図りたいのであれば、改善はするべきだと思います。単純に手順だけのことを考えているのであれば、押し付ける必要はないということです。

それは、**「自分らしさ」と同じくらい、「相手を尊重する」ことが重要になってくるからです。相手を尊重すると、素直に相手の良いところを学ぶことができます。**

私がＳＨＩＢＵＹＡ１０９にあるアパレルショップで働いていたときも、アルバイトの若い女の子たちのファッションセンスやカルチャーなどを尊重していました。

例えどんな格好をしていようが、その責任はすべて彼女たち自身にあるという考えです。

相手を尊重することは、自分の視野を広げることにも繋がります。

１０９で働き始めるまでは、政治家の妻として年長の方々に好まれるトラディショナルな服装を意識して着用していました。当然のように、服装、髪型、メイクなど、ファッション全般で冒険することは考えていませんでした。

しかし彼女たちのファッション（ローライズパンツやヘソピアス、さまざまな色やスタイルのヘア、スカルプネイル、つけまつげを駆使したメイクなど）を目の当たりにすることで、彼女たち世代のカルチャーを知ることができました。

そして、**相手を尊重することは相手を受け入れることであり、それにより相互関係が良好になることもわかりました。**

これは、10代の女の子と40代のおばさんが意思の疎通を図る上で非常に有効に働き、相手を尊重し、受け入れたことで、順調に信頼関係を構築させることができたと思います。結果このことが、店長として商売を成功させることに繋がったと思っています。

こうして、知らない世界の知らないファッションを学ぶ良き機会と、積極的に販売促進をしてくれる仲間たちを得たのですから。

「押し付けないで相手のことを受け入れるという姿勢を、積極的に見せていく」ことで、自然と相手も心を開き、私のことを受け入れてくれるようになりました。どんなに世代が違っていようとも、難しく考えることはないのです。

もちろん、基本的なことはたくさん指導していました。

無断欠勤や遅刻などは論外ですが、社会人としてルールを守ることもその一つです。アパレルショップは接客業ですから、お客様に対する『笑顔』や『挨拶』は必須であり、それはルールに則る必要があります。

それ以外はあれこれ押し付ける必要は全くないということです。

ドムドムハンバーガーのようなファーストフードチェーン店は、どの店舗でも同じサービスを提供しなければなりません。

お客様が入店されたときの挨拶、注文の承り方、商品の受け渡し方、お金の授受方法など、最低限のことはドムドムハンバーガーとしてのマニュアルがあります。

同様に調理方法などの細やかなオペレーションについても、どの店舗でも同じ品質の商品を提供できるように、しっかりとマニュアル化されています。

ひとくくりに**『アルバイト』といっても、いろいろな価値観の人がいるため、一定ラインの線引きは当然必要だと思っています。**しかし、マニュアルに明記していない部分が、実はとても重要だったりするのです。

ある大型商業施設のフードコート内の店舗で、こういうことがありました。

ベテランのスタッフがカウンターを拭いていたとき、ご年配のお客様がトレーを返却場所に返そうとしていました。それを見たスタッフは、すぐさまカウンターから飛び出し、そのお客様のもとへ走り寄ると、膝を折って身体を屈め「ありがとうございます。もうこちらで結構ですよ」と言って、その方からトレーを受け取っていたのです。**その行為こそがスタッフの個性であり、そういうことが自然にできる店舗でありたい**と思います。

トレーを受け取るだけならば、どのハンバーガーチェーン店のマニュアルにも、記載のある内容だと思います。

今回の例は、フードコート内にある店舗になり、飲食スペースは他の店舗との共用部分になっています。この場所の管理は商業施設にあり、特にドムドムハンバーガーのルールとしてはマニュアル化されていませんでした。

今回、彼女がご年配の方にとった行動のポイントは、飲食スペースまで走り出て、膝を大きく曲げ、身体を屈めて目線を合わせた点にあります。きっとこのスタッフは、来店されたお子さんにも同じように接しているのではないでしょうか。

マニュアルにあることをしたわけではないのですが、その行為は他のスタッフの心に届き、「自分も見習おう」と、いい影響を与えてくれるはずです。そして、誰が押し付けるわけでもなく、自然と受け継がれ、この店舗全体の接客態度の向上につながるのです。

個性を初めから無いものとして抑制してしまうと、良い部分も押しつぶされてしまいます。ルールやマニュアルは、悪いことを制御することはできますが、何から何までガチガチに固めてしまうと、このような良い個性も失われてしまうことに繋がるため、ルールやマニュアルがすべてではないということです。

臨機応変に対応できるスタッフの姿勢は、褒めたたえるべきこと。

いいことの波動は、いくらでも周囲に伝染してほしいもの。**ルール外のところで生まれる『自然なマニュアル』ほど素晴らしいものはありません。**

商品開発においても「美味しいのは、お客様との最低限のお約束」という認識に立ち、プラス付加価値のある商品を開発するようにお願いしています。

接客も同様に、**マニュアル以外の『プラスワン』が必要**です。

「自分らしさ」を発揮し、プラスワンの接客を実現していただくためには、「ドムドムハンバーガーは、何を思ってお客様をお迎えしているのか」という、理念の部分を全員で共有することが重要になります。**思いがなければ形は作れない**ということです。

その理念を体現できるのが社長である私であり、私はその理念を現場の方たちに伝える義務があると思っています。

「私らしさ」をスタッフに押し付けるのではなく、相手を尊重しながら、会社の経営理念をわかり易く丁寧に優しく伝える。私が今後も引き続き、取り組むべき内容だと思っています。

第3章

仕事における関係力

NO. 10

ラグビーには体格差があっても輝けるポジションがある

この本の執筆中に、東京２０２０オリンピック・パラリンピックが開催されました。

５年間、この日の為に努力を重ねられた選手の皆さんのプレーをＴＶで観戦し、連日の感動をいただきながら、私も原稿用紙と格闘しております。

研鑽を積まれた選手たちが繰り広げるレベルの高い競技そのものに驚愕し、選手の皆さんの懸命な姿に引き付けられ、ついつい応援に夢中になっている自分がいます。

また、勝敗が決定するや、誠に勝手ながら歓喜の声を上げたり落胆したりすると共に、選手の皆さんのさまざまな苦労を想像し、勇気と元気をいただいております。

このようにスポーツ観戦が好きなのは、**私の「関係力」の一部がスポーツを通じて育まれた**からなのかもしれません。


兄がラグビーをしていたこともあり、私は中学2～3年生のとき、ラグビー部のマネージャーをしていました。

男子ラグビー部の歴代の先輩マネージャーの方々に華やかさを感じ、憧れたという理由もありますが、実家が商売屋で、父が政治家だったこともあり、人の出入りの多い家で育ったためか、人のお世話をやくのが昔から好きだったこともあります。

実際、救急箱を掃除して補充したり、遠征のときにレモンのはちみつ漬けを作って持っていったりと、勝利に向かって戦っている選手たちのことをサポートできることに喜びを感じていました。

そして、努力した結果として訪れる『負けた悔しさ』、『勝つ喜び』などを共有できる環境が自身の心を満足させていました。

２０１９年に日本で開催されたラグビーワールドカップは、日本中を盛り上げました。私も横浜国際総合競技場で行われたスコットランド戦を観戦し、大興奮した一人です。

日本チームの白と赤のレプリカユニフォームに赤いパンツを履いて、顔には「日の丸」のステッカーと気合十分でした。当日は、品川駅近くのパブで友人と景気づけしてから移動したほどです。

パブではユニフォームこそ着ませんでしたが、応援に来日された方々がキルト（スカート状の伝統衣装）を着用しており、すでに気分は『ラグビーワールドカップモード』に突入していました。

日本が勝利した瞬間は、密集したスタンドで腕を突き上げ、大声で勝利の雄叫びを上げ、誰彼となく抱き合ったり、ハイタッチや力強い握手を交わしたりしていました。

あのときの大興奮を忘れることはありません。米津玄師さんの「馬と鹿」が流れる中、喜びを分かち合う選手達の姿は映画のワンシーンを見ているようでした。

ラグビーの選手というと、読者の皆さんは、ガッシリした筋肉質の大男たちを想像すると思います。

しかし実際は、ポジションによって求められる体格や選手像が大きく違います。

ラグビーは15人で行うスポーツですが、15人の選手のうち、スクラムを組む8人の選手のことを『FW（フォワード）』と呼び、その後ろに『BK（バックス）』と呼ばれる7人の選手がいます。

私の兄はボール争奪戦が主な仕事のFWで、スクラムを組むプロップ（1、3番）と呼ばれるポジションでした。大きくがっちりしたタイプの選手がプレーするポジションで、大学生以上になるとFWの平均体重が100kg以上というチームもあります。

一方BKは、FWが確保したボールを受け取ったら、とにかく前に走って、得点するのが主な仕事になります。そのため足の速い選手が求められ、ＦＷよりは体格ががっちりしていないのが一般的で、スリムな方も多くいらっしゃいます。

中でも、スクラムハーフ（９番）のポジションは、世界的に見ても小柄な選手が多いようです。スクラムからボールを受け取り、ＢＫにボールを渡す、ＦＷとＢＫとの架け橋のような役割の人です。

ＢＫは、とにかくパスでボールを繋ぎながら、トライを目指して走るため、パワーというよりは俊敏さが求められます。特にウイング（11、14番）の選手には、味方が繋いだボールをトライにつなげる切れ味鋭い動きと足の速さが求められます。このように**ラグビーは、ポジションごとに求められる選手像が違う**のです。

そんな多種多様な選手たちが、与えられたポジションの中で、自分たちの長所を生かしながら一致団結して戦う姿を見るのが、ラグビーの醍醐味というか面白いところだと思います。何より、小さな選手が大きな選手に立ち向かい、倒す姿には勇気をいただけます。

ワールドカップの盛り上がりは、日本チームの善戦によるところが大部分です。

しかし、ポジションによる体格差や仕事の違いがありながら、チームが一丸となって勝利に向かうというスタイルが、実社会を彷彿させると共に共感を得られ、人々の心に刺さったのではないかとも考えています。

私は、**いろいろな個性の人たちが、それぞれの役割を持って、チームとして一緒に仕事をするところなど、まさに実社会そのものだと思う**のです。


私がSHIBUYA109のアパレルショップで雇われ店長をしていたとき、15歳ぐらいの女の子が、彼氏と一緒にアルバイトの面接に来たことがありました。

フィリピン人のお母様と日本人のお父様とのハーフで、とてもかわいらしいお嬢さんでしたが、私との面接中にもかかわらず、彼氏と仲むつまじくしているのです。

普通ならありえない状況に私も最初は驚きました。しかし、そのまま二人でお茶をしながら面接を続けていると、彼女より二つくらい年上であろう彼氏が、彼女の言葉使いなどを心配して、面接に有利になるようにサポートしているというか、彼女の良い部分を彼女に代わって、私に説明していることに気づきました。

その様子がとても微笑ましかったのを覚えています。

基本的には**面接に誰が来ても断らない主義なので、ご多分に漏れず彼女のことも採用することにしました。**他社さんの採用面接でしたら、早々にお断りとなったのかもしれません。

では、そんな彼女の働きぶりですが、どうだったと思いますか？

「どうせ、すぐ辞めた」と思う人もいるかもしれませんが、実際は、申し分ありませんでした。お顔立ちがかわいらしく、髪型なども個性的だったため、彼女が着用している服などはお客様の目に留まり、売り上げにかなり貢献していたと思います。

そして彼女は、いまでもファッション業界の第一線で働いています。きっと、ファッションの仕事が、彼女にとって輝ける場所だったからだと思います。勝手ながら、私も時々インスタグラムなどを拝見しては、その活躍ぶりを見守らせてもらっています。

これは、ドムドムハンバーガーでも同様で、会話の上手な人、文章力のある人、発想力のある人、調理が早くて上手な人、接客が明るくて感じのいい人、商品開発に長けている人など、**それがたった一つだとしても、何かに突出しているだけで、人間は素晴らしい**と思うわけです。

私が思う**会社の役割は、従業員一人ひとりの特性を活かした場所作りであり、輝ける職場を提供すること**だと考えます。

私自身も万能な人間ではありません。

正直、エクセルもできなかったりしますが、そういう時は周りに助けてもらっています。仕事とは、そのことができる人だったり、その分野で輝いている人の手を素直に借りながら解決していけばいいと思うのです。何でもかんでも、自分でやろうとする人がいますが、私が一日かかってしまう仕事を、1時間で終わらせる人がいたら、その人に任せた方が効率的だと思いませんか？

FWが体を張って奪ったボールを、BKが走ってボールを運んで得点を狙うラグビーのように、**それぞれが持つ個性を活かすことで、個々の目標と会社の目標を達成できる関係性と環境が大切**なのです。

NO. 11

個性を大切にし、来るものは拒まない

小さいときから勉強に励み、一流と呼ばれる大学を卒業し、ご活躍されている方は、本当にスゴイと思います。もちろん勉強と同じように、小さいときからスポーツに励み、プロ選手になったり、オリンピックに出場してご活躍されたりする方たちも心から尊敬しています。おそらく、遊びたい時間を削って日々の努力を積み重ねた結果だと思うからです。

ただ一方で、ＳＨＩＢＵＹＡ１０９のアパレルショップで店長として雇われ、さまざまな環境にあるアルバイトの女の子たちと接していくうちに、**人間の価値は勉強やスポーツに秀でることだけではなく、もっと多方面から判断されるべき**だということに気づかされました。

一般的に面接では学歴が重要視されますし、高学歴であったり特記事項が多彩な方の履歴書は、おそらく目をひくでしょう。

いままで頑張ってきたことの結果なので、それはそれでとても素晴らしいことだと思いますが、人間はそれだけではないと思うのです。たとえ**高学歴でなくても、その人自体のパーソナリティーが素晴らしい人は世の中にたくさんいますし、共に成長できる関係を築けるということを、１０９のときに学びました。**

アルバイトの募集人員に採用枠があれば別ですが、私は面接に来た子は1人たりとも不採用にしたことがありません。前項10でもお話したように、基本的に『来るものは拒まず』です。

私のこの考えを、不思議に感じる人もいますよね。

例えば50人の方がアルバイトに応募してきたとしましょう。『藤﨑忍』のように名前に「し」のつく人という基準で採用した5人と、履歴書を比較して熟慮した5人とで売り上げの競争をしたとしても、それほど大きな差は出ないと思っています。

募集要項には一定の基準が記載され、それをクリアした人で、かつその仕事に興味を持った人が面接に来るのですから、自然と仕事の質にあった人間が集まると思うのです。もうこの時点で学歴を比較することはナンセンス。それが私のこれまでの経験で得た感想です。

私を含めて完璧な人間などいないわけで、同じ人間なら一人一人の能力に大概大差はないと思います。**人間は自分に自信がなく不安だからこそ、それを補うために試行錯誤しながら努力を続ける**わけで、どうせ完璧な人間がいないのなら、まずは**意思さ**

えあれば「誰でもいいんじゃない」というのが藤崎流です。

もちろん、これまで生きてきた中で経験してきたことの違いで、スタート時のスキルには差が出るとは思います。しかし、その後のイノベーションは『誰にでもできる』のです。**仕事に向き合う姿勢さえあれば、考えて学んで行動することは可能です。**

そういった意味で『誰でもいいのでは？』と考えるのであって、大切なのはむしろ、受け入れ側の環境作りではないでしょうか。

受け入れ側は、一定のルールを提示し、個性を認める土壌作りを行うことが必要だと感じます。言葉を発する機会をきちんと創出し、耳を傾ける体制作りも大切です。

実際、１０９で働いていたときに、ちょっとした出来事があったので紹介します。

ドレッドヘアーの女性のお客様が、アルバイトの中国人の女の子に、Ｔシャツの値段を聞いてきたときの話です。

ちょうどディスカウントセール中で、中国人の女の子はそのお客様に「５００円引きです」とＴシャツを案内したのですが、実はそのＴシャツはセールの対象外だったのです。

そのときのレジ担当は私でした。お金を支払いにきたお客様に正しい値段をお伝えすると、「あの店員は、５００円引きって言ったよ」と、私に告げてきました。

中国人の女の子が、Ｔシャツをディスカウント商品と間違えたことが原因ではありましたが、私は「申し訳ございません。それは間違いで、本当はこの値段ですのでこちらでお願いします」と、心からの謝罪の言葉とともに伝えましたが、簡単に受け入れてくれないどころか、すごい文句を言ってきたのです。中国人の女の子は、「私が悪いので、５００円は私が払います」と言いました。しかし私は、「他のお客様が来ても、この商品は５００円引きではお売りできません。ですから、お客様だけにお値引きをしてしまうと不公平になってしまいます。それはお店としての信頼問題にも関わることですから、５００円引きで売ることはできません」と、きっぱりお断りをしました。

すると、ドレッドヘアーのお客様も納得してくれ、正規の値段で購入してくれたのですが、お金を支払った後に突然、「ここの店って、アルバイトは募集してないの？」と言い出したのです。

ついさっきまであんなに文句を言っていた人の口から出た言葉に、正直驚きました。「すいませんが、ちゃんと口の利けない人をここで雇うことはできないですよ」と私が返したら、「ちゃんとした口は利けます。アルバイトで雇ってください」と言ったのです。結局、アルバイトとして仲間になったのですが、当時16歳の女の子もいまはアラサー。それでもいまでも仲良く交流しています。

あのとき、あの会話だけで終わっていれば、彼女とはそれまでの関係でした。しかし正しい口の利き方も、彼女はちゃんとできたからこそ、アルバイトとして雇ってもらえ、面白いおばさんとも仲良くなれたのです。

しかも彼女はしっかり者で、計画的に貯金をするなど金銭感覚もなかなかの子だったのです。本当に人は、みかけだけではわからないとつくづく感じました。

ちなみに彼女は、いまでは責任ある立場の仕事を任されるまでになり、将来的には独立して起業も考えているようです。このように若かったアルバイトの子たちが、素晴らしく成長している様子を知れることが私の糧であり、人生の喜びとなっています。

私も彼女たちに負けることなく、**「個性を大切にし、来るものを拒まない」**を貫くためにも、**企業として環境整備に力を入れ、「〝やりたいこと〟がやれる」体制を築き上げていくことを目指したい**と思っています。

NO. 12

こだわりが強すぎると周囲が見えなくなる

私は、青山学院中等部ではラグビー部のマネージャーとして、部員たちをサポートする側にいました。しかし高等部では、自分自身がプレーヤーとしてスポーツに携わりたいと考え、ハンドボール部に入部することを決めました。

ラグビー部員の活動を間近で見て、勝利を勝ち取るために必死になって練習で汗を流す青春に憧れたからです。

また、二人の兄からの影響もありました。私が中等部でラグビー部のマネージャーをしていたとき、すぐ上の兄は高等部のラグビー部で、一番上の兄も大学の剣道部で活躍していました。私がハンドボール部を選んだ理由は、球技が比較的得意であったことと、練習を見学したとき、どこよりもしっかりと練習をしているクラブだと感じたからです。実際、その練習は厳しいもので、入部時には17人在籍していた仲間が、引退の頃には7人にまで減ってしまうほどでした。

そんなハンドボール部で、私が1年生のとき、新人戦がありました。

3年生が引退した後に1年生だけでチームを組んだのですが、私はキーパーとして試合に出場しました。結果は4対0で敗戦。

4対0というと接戦のようですが、ハンドボールの試合は30対20のように、1試合の平均得点が高いスポーツです。そんなスポーツで、1点も得点できずに負けてしまったのです。

当時の私は、「4点しか点を取られなかった」という感覚があり、「キーパーでどんなに頑張って失点を防いでも、1点も取ることができないチームでは、絶対に勝てない」と、とても悲しくなりました。

そんな気持ちは態度にも表れ、「なぜ点を取ってくれないの？」と、チームのメンバーに不満を抱き、帰りの電車の中では誰とも口をきかなかったことを覚えています。

いま思うと、傲慢というか、勝利にこだわり過ぎたため、まったく周りが見えていない状況でした。

その後、ポジションチェンジなどの改善策と共に、得点できない理由などを顧問の先生やコーチと話し合いました。そして翌年、正式にキャプテンに指名されました。

このエピソードは、**勝利にこだわり過ぎて感情が先走ったため、周囲が見えなくなり、現実を客観的に分析できなかった**という、高校生のときの失敗談です。

実は、この本を出版するときもすごく悩み、息子に相談をしました。

私はプロの経営者ではありませんし、何かに秀でているとも思っていません。その私の経験や考えが読者の皆様にどう伝わるのか不安に感じたのです。しかも売れ行きが芳しくなくても、自分ではどうすることもできず、悲しい思いをするだけかもしれないと思ったのです。

すると息子は、「お母さんは、来たものはすべて受け入れ、それに対してベストを尽くし、一生懸命やることでここまで来た人だと思うよ。それがお母さんの持ち味なんじゃないのかな」と、助言してくれました。

息子からの言葉に後押しされ「出版という機会をいただいたのだから、喜んで受ける代わりに、真摯に一生懸命やろう」と思いました。結果、こうして執筆しているわけです。

もしかしたら**『藤崎流』とは、『来たものを素直に受け入れ、それに対して一生懸命取り組むことで流れに乗る』こと**なのかもしれません。

別の見方をすると、**こだわりがないから受け入れやすい**のかもしれません。

私は元来、夢中になると不安を抱え込む性分です。

しかし結婚後は、夫や家族のサポートに注力し、安定したポジションで守られた生活をしていたため、私の不安がダムの水だとすると、不安を溜め込むだけ溜め込んでも決して決壊する事のない、安全地帯に身を置いた穏やかな生活だったと思います。

そんな私が行動できたのは、夫の落選・病気により、金銭的に切羽詰まったところまで追い詰められたからです。

ある日突然、不安のダムの水が勢い良く増水し、決壊寸前の土壇場まで追い詰められてしまったのです。

39歳の専業主婦は、勇気を出して自ら水門を開くしか選択肢はなかったのです。

一度水門が開いたことで、水の流れが良くなり、不安だけでなく、自身の思考も上手に流れに乗ることができるようになった気がします。

短大卒業後は就職をせずに結婚したため、今から思うと限られた社会の中でしか生きていませんでした。あの頃の私は、息子には求めながら自分は一定の価値観の中で、物事にこだわり、他に選択肢を持たない生活を営んでいたのだと思います。

それが、究極に切羽詰まったことで、水門を開けざるを得なくなり、一気に水が流れ出したのです。多分、よほど強烈なことがなかったら、一生開けることはなかったかもしれません。

この経験から、**流れに身を委ね、一生懸命に手足を動かしさえすれば、なんとか泳げる**ことを知ったのです。また、**何かあっても、必死に泳ぎ、その都度流れに乗れさえすけば、視界がどんどん広がっていく**ことも知りました。

それまで見たことのない新しい景色は、とても刺激的で、私を夢中にさせたため、その後は躊躇することなく水の流れに身を任せて行動することができました。

こだわりの殻を破る瞬間。ダムの水門を開く瞬間。

いつ何時訪れるか、それは一人一人異なるでしょう。

その瞬間を恐れることなく受け入れ、まずは前進する事。それが人生を豊かにする糸口になるのではないでしょうか。**何かにこだわり過ぎると周囲が見えなくなり、自分と言う殻に閉じこもりがちになってしまいます。せっかくのチャンスを逃さないためにも、時には自らを開放することが大切**です。

NO. 13

社会への進出だけが女性の活躍とは思わない

会社で出世している女性、自営業で成功している女性、起業した女性、これらの女性たちだけを取り上げて、『女性の活躍』と表現することに、私はとても違和感を覚えます。私が会社の社長をしているからか、『女性の社会進出』『女性の活躍』というテーマでご質問をいただくことが多いのですが、**私は会社の社長をしているから活躍しているとはまったく思っていません。**

専業主婦時代、家族のために衣食住を整えることに心を尽くしていました。

介護時代は仕事をしながらも、朝ごはんだけはしっかり作っていました。後片付けは帰宅後で、その何時間か後にはまた朝を迎える、そんな毎日でした。

居酒屋のバイト時代は、時給1200円で働かせてもらっている身でしたが、自分なりに精一杯生きていましたし、家族からは頼られる存在だったと思います。

このように、**専業主婦として家庭を守っている女性、日々介護をしている女性、時給でアルバイト・パートをしている女性も、立派に活躍をしている**と思うのです。

私の妹は専業主婦ですが、夫が商社マンで、海外に赴任するときは必ず家族も帯同していました。しかも義弟は海外駐在中も出張が多く、その時妹は異国の地で、子供を一人で守っていました。そのため海外赴任同行前は決して語学が得意とはいえない妹でしたが、赴任後は日常会話に困らないくらいまで話せるようになっていました。

現在は日本に戻ってきていますが、海外で3人の子供を育てながら、夫のサポートをしていたことはとても立派ですし、そのような生き方も、女性の活躍の一つだと思うのです。

今の時代、ジェンダーの在り方は、デリケートで難しいテーマだと思っています。私にはジェンダーフリーの友人もいますが、医学的判断の性別ではなく、私自身が女性としての生き方を選んでいるため、**私は『女性らしさ』を大切にして生きていきたい**と思っています。**「女性らしさっていったいなんなの?」と思われるかもしれません。私は「言葉遣い」や「立ち居振る舞い」**だと思っています。

例えば会議での言葉遣いにしても、『女性らしさ』を意識して話していますし、その方が美しいと思っています。この姿勢は、これからも続けるつもりですが、これは私がそう考えているだけのことであって、違う考えの女性がいることも承知しています。

すべてが同じ必要もないし、真似も同調もしなくていいのです。それぞれが選択した生き方をすればいいだけの話です。

しかし世間は、「女性が活躍する社会」について、まだまだ定義付けをしたがる風潮にあります。**ジェンダーとは無関係なのに、『女性だから』と、いちいち女性であることに紐づけして、物事を収めようとする傾向にある**気がするのです。

一方でジェンダーレスであれば、「すべて同じように行動すべき」のように言われるときがあります。しかし体格や体の機能も違うわけで、「それもどうなのかな？」と、思うときがあります。

例えばですが、私は無理をしてまで重たい荷物を持とうとは思いません。このようなときは、力のある方に素直に甘えて、持ってもらいたいと思います。もちろん、それが良いとか悪いとかではなく、**もう少しそれぞれの性をファジーに取り扱ってもいい**のではないでしょうか。別に男でも女でもどちらでもいいのです。

最近、話題になっている『性差別』ですが、社会進出という面からだけでみると、日本はまだまだ遅れをとっているかもしれません。

日本の大企業の女性役員比率は極めて低く、国会議員（衆院議員）の女性比率も約9・9％とG7中最低であり、世界でも166位というのが現実です。ドムドムハンバーガーでも女性社員の比率は低いですし、女性の管理職も役員も私以外にはいません。

しかし一方で、女性を選んだ私自身が社会から認められていないとか、**女性であることで不利益を生じたと感じたことは一度もありません。**

これは単に、周囲の環境に恵まれていただけかもしれませんが、もしかすると、私自身が不利益に気づいていないだけなのかもしれません。しかし一般的には、「いまの社会は女性にとって不利益だ」という声が大きく聞こえてきます。実際、そういう現場も多いのでしょう。

そういう声が上がっている以上、**社会全体で早急に環境整備を行う必要がある**とは思います。

環境が整うには時間を要するかもしれません。しかし**大切なのは、自分の性別や職種や立場をマイナスに捉えるのではなく、自信を持って活躍すべきだ、**ということです。**私はどのフィールドにいても男だとか女だとか考えずに『自分らしさ』を持ち続け**

て歩んできたからこそ、不利益を感じずに済んだのかもしれません。

自分が女性であることをマイナスに捉えていると、ちょっとでも差別的なことを言われると、余計に気にしてしまうと思います。

『女性はおしゃべりだから話が長い』などという発言が話題になりましたが、私が社長に就任して、会議がとても長くなったと実感しています。伝えたいことがたくさんあるということが一つの理由でもありますが、とにかくすごくしゃべります。

端的に男女では脳の構造が違うのだと思いますが、『話が長い』ことは事実ですので、私はそう言われても全く気にならないのです。『女性だから長い』と言われるからカチンとくるのかもしれませんが、男性でも話が長い人はたくさんいますよね。

女性としての自意識が強すぎるとそういう反応になるのかもしれませんが、私は**『ジェンダーフリー＝女性でも男性でもどちらでもいい』**と思っているので、別になんとも思わないだけです。もしかしたら、私自身がジェンダーフリーの時代を逆行しているのかなと思ったりもしています。上手く言い表すことはできませんが、『女性の活躍』という言葉に違和感を覚えたことだけは確かです。

第4章

成功のための関係力

NO. 14

究極に困ったら、不安でも動き出さないと生きていけない

専業主婦だった私が、ＳＨＩＢＵＹＡ１０９のアパレルショップで雇われ店長をしたり、退職後に居酒屋でアルバイトとして働いたり、その1年後には自分のお店を開店したりと、周囲の人は私のことをとんでもなく行動力のある人間だと思っているかもしれません。

しかし**実際の私は、大変な心配性で、不安が多いと悩みこむタイプの人間**です。

アパレルショップのときは、友人が手を差し伸べてくれたおかげで就職できたのですが、居酒屋のアルバイトのときは、自力で働き口を見つけないとならない状況でした。そこで、自分でもできる仕事は何かと考え、料理が得意だったため、居酒屋の厨房の仕事を候補に決め、職探しを始めました。

実は、場所を新橋に決めたのにも、私の心配性が大きく関係しています。

夜の仕事になるため、「安全な場所」と考えたとき、渋谷や新宿ではなく新橋が思い浮かんだのです。当時の勝手なイメージで、新橋はサラリーマンの聖地だから治安が良くて安全と考えました。

また、１０９の経験から「商売は人が多いところでやると上手くいく」という理由もあります。アルバイトだからそこまで考える必要はないと思われるかもしれませんが、せっかく見つけた働き口がつぶれるのが嫌だったのです。

いまの世の中、起業や転職を考えている人は大勢いると思いますが、実際に行動できる人は、その中の一握りかもしれません。いろいろと不安の種を見つけては、いつまでたっても動き出せない人もいるでしょう。逆に、起業すると決めたらどんどん行動できてしまう人もいらっしゃいます。私はどちらかというと前者で、しかも筋金入りの不安を抱え込むタイプだと思います。

そんな不安だらけの私が、１０９のアパレルショップで店長をしたり、居酒屋をオープンできたりしたのは、「働かないと路頭に迷う」「子供の私立の学費や夫の医療費が支払えない」という、究極の状態に追い込まれていたからです。

アパレルショップのときは、夫が選挙に落選・病気と立て続けに起こり、とにかく一刻も早く私が大黒柱として働き始めなくてはなりませんでした。火事場の馬鹿力ではありませんが、夫が落選した都議会選挙が7月で、そのすぐ後の8月1日にはすでに働き始めていました。

経営方針が変わり、突然にアパレルショップを退職せざるを得なかったときも、退社したのは9月下旬でしたが、10月にはアルバイトを始めたほどです。

起業を考えているのに、なかなか行動しない方もいらっしゃいます。

それは、起業をしなくても生きていけるからだと思います。要するに、**起業という不安に立ち向かってまで、一歩を踏み出す必要がない**のかもしれません。

いまの無難なポジションのまま生きていけるのですから。

私の場合は、究極に困っていましたし、そこに大きな不安が立ちはだかっていたとしても、動き出さないと、家族全員が食べていけないような状況でした。

目の前にどんなに大きな不安があったとしても、一歩を踏み出さざるを得なかったのです。

もちろん、起業される方が全員、お金に困っているということではなく、『潤沢な資金がある方』『志の高い方』『心から〝やりたいこと〟がある方』など、起因はそれぞれ異なると思っています。

私が、新橋で『そらき』という家庭料理の店をオープンしたのは、時給1200円のアルバイトのお金では、息子の学費や夫の医療費など家族を養っていくのは難しいと悟ったからです。

なんのスキルも持たない私が、それらを賄えるだけの金額をすぐに得るような仕事など見つからないのです。正直、起業しか道がありませんでした。

とにかく私には、母親として家族の生活を守っていかなければならないという使命感がありました。家族を守るには、どんなに高いハードルが目の前にあったとしても、必死に努力して乗り越えるしかなかったのです。

私の場合、いまだにそれが続いています。

目の前のハードルを越えたら、後は黙っていても上手くいくことなんて、世の中にはありません。常に越えなければならないハードルの連続です。

順風満帆に見えた夫の政治生活も病には勝てず、断念するしかありませんでした。

順調であっても継続は難しいということを近くで見てきたからこそ、不安は付きまとい、それを補うには行動するしかないのです。

不安だから立ち止まるのではなく、**不安だからこそ不安をなくすための策を自分なりに考えて努力する。そうしないと生きていけない**、ということなのです。

「窮鼠猫を噛む」ではありませんが、絶体絶命の窮地に追い詰められれば、自分より強い猫を相手にネズミでも戦わないといけないときがあるということです。

先日、高校生向けの雑誌でインタビューを受けたとき「どうしたら社長にまでなれるのですか」という質問がありました。

「いまでも不安だらけですし、不安を上回る努力を積み重ねた結果、たまたまこうなっただけです」と答えたのですが、「いまでも不安なのですか?」と、驚かれました。

これは、一流のスポーツ選手でも同じではないでしょうか。素晴らしい成績を残している一流選手ほど、人一倍練習をするといいますが、それは戦績維持への不安という恐怖を知っているからだと推測しています。

たとえ**成功したとしても、不安と背中合わせだということを肝に銘じながら、常に次のことを考えて行動する**ことが、私は大切だと思います。

NO. 15

やりたいと思う気持ちがあれば、できないことはない

『そらき』という家庭料理の店を起業するにあたり、お金を借りることにしました。そこで素人ながらも事業計画書を書き、信用保証協会や国民政策金融公庫、地元の信用金庫を回り、やっとの思いで、創業資金である1200万円を調達しました。

なんと、居酒屋でアルバイトを始めた7か月後に、自分の店をオープンしたのです。

このように書くと、迷いがなかったかのように感じると思いますが、実は起業をする前に、『成功できる秘訣は何か』を二人の知り合いに相談したことがありました。

一人は、主婦から美容師になられた方（義姉の母親）で、一時は数店舗の美容室を経営するなど、78歳でありながらいまだに現役として働いている方です。もう一人は、大学卒業後に税理士事務所で勤務をした後、起業してアパレル関係の会社を経営されている方（父方の伯父）です。

二人の答えですが、「やろうと思ってできないことはない」でした。見事にシンクロしたことにも驚きましたが、何より二人ともが力強い断定的なお言葉だったのです。

私なりにいろいろな経験をし、人生を歩んできましたから、夫がそうであったように、**努力をしても苦労が報われない方がいることも知っています。**

ただ、**どんな状況になっても諦めずに不安というハードルの上を行く努力さえすれば、必然的にスキルはアップし、たとえ結果が伴わなくとも、大きな何かを得られる**ことも知っています。

ＳＨＩＢＵＹＡ１０９では経営者になるため一日も休まず働きましたが、願いは叶いませんでした。しかし良い仲間と出会い、商売のイロハを知り、知らず知らずのうちに自分の中にいろいろな知識が蓄積されていました。そして商売の面白さを知り、私は起業を決意しました。

『そらき』をオープンするときは、一つひとつに心を尽くして準備をしました。「そらき」のロゴは、母の手書きの文字をベースにデザインし、桜の花びらがアクセントになっています。内装は１０９でコンビを組んで成功した業者に依頼し、形や色などの細部にまでこだわることで、お客様が落ち着いて心地よく過ごせる空間を用意しました。

お料理も同様です。例えば居酒屋などお料理を提供するお店だと、「このお店のお薦めは何ですか？　何が美味しいですか？」と、お客様から聞かれますよね。そんなとき私は笑顔で「すべてお薦めです。お薦めできないものは用意していませんよ」と答えていました。

それほどレシピ開発にも力を入れていたのです。

ウインナーの切れ目の数ひとつとっても、味と見た目のベストというのはあるのです。そのためすべての料理のレシピ集を作ってからスタートしました。やりたいと思うから、徹底的に心を配って準備ができるのです。

私が開業した居酒屋「そらき」は、ニュー新橋ビルの地下一階にあります。サラリーマンの街頭インタビューで有名なSL広場の交番横の階段を下った正面に位置しています。階段を降りると、ちょうど一段高くなった厨房にいる私と目が合うような作りです。これもデザイナーさんと相談を重ね、この位置に決めました。

私は、ドムドムハンバーガーに転職するまで、お客様がお帰りの際には、カウンターから走って飛び出し、必ず階段下までお見送りをし、お礼を申し上げていました。お越しくださったことがとてもうれしく、ありがたかったからです。

何事も全力を尽くすことで、それがお客様に伝わり、努力をすればするほど感謝に変わります。それが大切だと思っています。

NO. 16

少しでも良くしようと、
見て、感じて、
考えて行動する

朝から晩まで、同じことばかり考えていると、ちょっとしたことが解決のヒントに結びついたり、アイデアが降りてきたりすることがあります。

私の場合、ビジネスのことや店舗経営のことを知らないまま、ある日突然、アパレルショップの店長になっていました。だからといって、誰かがノウハウを指導してくれたわけではありません。それでも**1億円の売り上げを2億円近くまで伸ばせたのは、少しでも現場を良くしようと、常に五感を働かせながら、見て、感じて、考えて行動し、自ら学んでいったから**だと思います。

先にも話しましたが、夫が落選したのは七夕選挙と呼ばれる都議会選挙のときで、7月のことでした。その後、選挙事務所を片付けたり、後援者の方々にお詫び参りをしたりと選挙の後始末に追われ、大忙しでしたが、8月1日にはＳＨＩＢＵＹＡ１０９に出社していましたから、何の下準備もないまま飛び込んでいきました。

覚えている限り、１０９系の雑誌を一冊購入したくらいです。

働き始めてからは、毎日の出来事や気がついたことなどをノートにまとめていました。そのノートはいまでも残っていますが、本当にいろいろなことが書かれていました。自画自賛するわけではないですが、今の自分が見ても「良い気づきだな～」と、感心する内容だったりします。

私が店長として働き始め、**最初にしたことは、当然のごとく店舗の清掃**でした。気になったところから改善しようと、まずはカーテンを自分で作り、新しく付け替えました。それから、清掃時のルールを作りました。

ノートを見返すと、「何時何分に○○円」というように、時間と売上金額が書いてありました。単純にレシートを書き写していただけですが、1時間ごとの売上金額を手動計算して、人件費の割り出しなども行っていたのです。

この頃はレジの性能も良くなっていたので、時間帯売上をはじめ売上分析ができたはずですが、当時は知らずにノートにすべてを書き写し、手計算で算出していました。

そして雇われてから1か月も経っていない頃、**時間帯別の売り上げから、アルバイトのシフトを考える必要がある**ことに気づきました。

この他にも、「6階全体で売り上げが23％アップ。うちの店は27％アップ。調子に乗らず、引き続き前向きに頑張る」という内容のことがメモしてあります。

ドムドムハンバーカーでも他社比較は重要で、「今月はマクドナルドが何パーセントで、ドムドムは何パーセント」というように、当たり前のこととして検証していますが、働き始めてすぐの素人が、他社比較の必要性に気づいていたということになります。

当時の私は、自店の売り上げが伸びているときに「理由は何だろう？」と、素人なりに考えました。そのとき、自然と他の店舗や施設全体の売り上げ状況を知りたくなったのだと思います。実力で売り上げがアップしたのか？　それとも外的要因でアップしたのか？　その事を把握しておかなければ、次のステップへは進めないと考えたのでしょう。

私がテレビに出演した週は、ドムドムハンバーカーの店舗で、一部の商品が売り切れになりました。これは、明らかなミスなわけです。

１０９の頃のノートにも、「３連休でよく売れたが、最終日、商品の在庫がなくなってしまった。商品があれば、もっと売れたはず。前もってその準備をしなければならない」と、入社して1か月半にもかかわらず、すでに仕入れの分量についても考えていました。

連休で売れたことに満足していたら、その後の売り上げを伸ばすことはできなかったでしょう。**「売れたからいい」ではなく、「もっと売れるにはどうすればよいか」と、先を見ていた**のだと思います。

この他にも、ショップの面積がわずか10坪しかなかったことから、店舗の坪効率（面積に対する売上高）を考えるようになりました。一つのラックに陳列してある商品がどのくらい売れるのかを調べ、商品構成やラックの並べ方を考察しました。小さいながらも売り場を最大限に有効活用しようと考えていたのです。

またディスプレイによって、販売数に影響があることも知りました。

ある日、昨日まですごく売れていたワンピースが、まったく売れていないのです。不思議に思って調べてみたら、ワンピースを着ていたマネキンが、今日はネックレスをつけていなかったのです。ネックレスやキャップを添えるだけで、お客様の関心度が高まり、購入につながる確立が高くなることを知りました。

商品はやはり、新鮮な方が売れ行きが伸びます。そこで、少数だけ仕入れ、回転率を上げ、結果の良い商品だけをタイムリーに仕入れる、ということを繰り返しました。セレクトショップということもあり、都度の仕入れが極めて重要だということにも気づかされたのです。こういうことを一つずつ積み重ねていきました。

最初は自分の店舗だけを見て改善していきましたが、一通り終わると、**段階的に外に目を向けるようになりました。**よそではどのようなスタイルが流行っているのか、109の店内をくまなくリサーチしたり、渋谷の街もしょっちゅう歩き回っていました。

物販や接客で重要なのは、売り上げを伸ばすために必死になって考えて、現場である店の中をひたすら観察することです。そうすれば、入社したての素人でも、誰に教えられたわけでもないのに、多くの気づきがあるのです。

NO. 17

失敗は成功までの途上と考えて行動する

私は、『失敗』という言葉をあまり使わないようにしています。

例えば、１００万円に設定していた新商品の月の売り上げが、結果的に98万円だったとします。この場合でも、新商品は失敗だったということにはならないと思っています。98万円まで到達したのですから、あと2万円のところまで成功できたと考えるのです。**失敗はあくまでも成功までの途上の状態**ということです。

98万円を失敗と捉えてしまうと、2万円分の不足について、前向きに考察できなくなります。

それでもこの2万円の不足には必ず原因があるはずなので、「何が充足していれば、１００万円の売り上げになったのか」を知ることが大切なのです。

例えば「ポスターの貼り方が悪かったから2万円不足した」ではなく、「ポスターを○○に貼れば１００万円以上の売り上げを達成できたかもしれない」と、希望を持って試行錯誤した方が建設的で将来性があります。

失敗という捉え方は精神的にも後ろ向きの考え方で、その原因を探ることも決して前向きではありません。目標を１００％達成したわけではありませんが、そこまででき

たことを喜んだうえで、不足分のことをあれこれ考察したほうがはるかに前向きだと思えるのです。

そういう気持ちでいた方が、新たなアイデアが浮かぶかもしれませんし、次の達成につながるかもしれないのです。

私はドムドムに入社して1か月後に、新店舗の店長を任されることになりました。

そこで発注ミスを2回も犯してしまい、泣きそうになりましたが、他店から商材を分けてもらうことで事なきを得た経験があります。

ただこのときは、不足分の商材を分けてもらうために、依頼電話を何店舗にもかけました。それでようやく補充分が集まったのです。失敗を棚に上げるようですが、この経験により、補充の種類が多くなればなるだけ、時間を要し、効率的に問題があると感じました。

そこで、私が東日本の統括エリアマネージャーになった時、各店舗の責任者とグループLINEを作ることにしたのです。

今では、このツールを活用することで、不足が発生してしまった場合は「バンズの発注を忘れたので助けてください」などと投稿すれば、それを見た誰かが早々に返信してくれるようになり、時間的にも効率化が進むことになりました。

もちろんミスはそうそうあってはならないのですが、いつ何が起こるかわかりません。ミスを失敗と捉えてしまうと、「ミスしたことを話すのが恥ずかしい」「上長に謝らなければいけないから内緒にしておこう」と、隠す行動にも出かねません。

しかし、その時の気持ちの持ちようで、**一つのミスが会社全体の方針、方向性まで良い方向に変えてしまうことがある**と思えると、ミスに対する考え方や対処の方法が重要だということに気づくでしょう。

ミスから学ぶことは、本当にたくさんあります。先ほどの発注ミスでは、私の失敗が原因で、時間の短縮、再発防止、仲間との連携など、よりよい体制が構築されることになりました。今は、何かあったら早急に店舗全体で助け合うという、良い関係性が確立されています。

実は、私が居酒屋「そらき」の店舗を借り受けたのが、２０１１年（平成23年）の３月

22日でした。これは、東日本大震災（3月11日）のすぐ後のことです。

そのため周囲からは、「震災でこの先の景気が不透明な中、新しい商売をやるのはリスクが大きすぎるんじゃないか」と、アドバイスをされました。

しかし、そんな声はどこ吹く風。私の考えは逆で、「これから商売を始めるのだから、ゼロからのスタート。この先は上がるしかないのだから、むしろいいでしょ?」と思ったのです。

そもそも初挑戦なわけですし、過度の期待もせず、1日5万5000円～6万円の売り上げを目標に、スタートすることにしました。

たとえマイナスの要因だったとしても、成功への途上と捉えるほうが発展を導きやすくなると思っていました。震災の影響で工事が遅れ、開店も日延べになりましたが、「準備期間は充分」と、頭の中はプラス思考で溢れていた気がします。

窮屈な範囲で考察するのではなく、前を向いて自由に発想するようにしていました。

これは、被災された皆様のお気持ちを察することとは別の次元での考えでした。

ドムドムハンバーガーは、レンブラント・インベストメント社が中心となって再生している最中です。

事業継承は2017年7月。先ほどの「そらき」ではありませんが、ゼロというよりはマイナスからのスタートでした。

他社による事業承継には、様々な要因があります。経営不振や後継者の不足などですが、**経営状況の停滞や悪化は、資金注入や人材投与によって改善され、生き返るのです。一度失敗したとしても、再生できる可能性があるのです。**

ドムドムハンバーガーは事業承継4期目の本年3月期で黒字化し、順調に推移しています。**失敗や成功は、長い時間軸の中のどの部分を切り取って判断するのかによっても変わりますし、見方によっても変わるものだと思うのです。**

NO. 18

仕事の一面しか見ることができない人間に成長はない

私は、２０１７年11月にドムドムハンバーガーに入社し、翌年の８月に社長に就任しました。その間、わずか９か月です。

生え抜き社員がいる中、赤字続きのドムドムハンバーガーを立て直すために親会社が送り込んだ社長が、新橋で家庭料理の居酒屋を成功させたとはいえ、ファーストフード業界は素人同然のおばさんです。

私は経験不足を補うため、とにかくドムドムハンバーガーのことを知りたいと思いました。その第一歩として考えたのが、さまざまなことに果敢にチャレンジすることでした。

就任間もない**新人社長だからこそ、「トライしないとわからない」精神で、積極的に進めてみることにしました。ファーストフード業界のことをまったく知らない人間だからこそ、業界の常識にとらわれることなく、新しい発想でチャレンジできることがある**のです。

私が知りたいのは、表面的なドムドムハンバーガーではありません。核の部分を知るには、ドムドムハンバーガーを多面的に見てみたかったのです。

ファッションブランド「FRAPBOIS《フラボア》」や「BEAMS《ビームス》」との異業種コラボでは、ドムドムハンバーガーのアイコンでもある象のキャラクター『どむぞうくん』やハンバーガーをデザインモチーフにしたウェアや雑貨を販売しました。

また、ハンバーガーを再現したオリジナル「ガチャ」としてカプセルトイも販売しました。こちらは第1弾だけで６万個も売れ、現在は第２弾を販売中です。

その他にも、お祭りやイベントに積極的に出店したり、神奈川県川崎市を本拠地とする女子バレーボールチーム「ＮＥＣレッドロケッツ」（日本電気株式会社）とコラボしたりするなど、可能な限り多方面の企業とのコラボを実現させています。

ドムドムハンバーガーは、２０２０年に創業50周年を迎えた、日本で一番歴史の古い、日本初のハンバーガーチェーンです。これは、マクドナルドさんが銀座に1号店を日本初出店させた１９７１年より1年早い出店になります。

しかしいままでは全国で27店舗。**絶滅危惧種のファーストフード店とさえ言われていますが、一方で一定の世代からの知名度は高く、ノスタルジーを感じられるハンバーガーチェーン**でもあります。

そのためか、これら異業種とのコラボは、どれも大好評でした。

いわゆる老舗のハンバーガーチェーンが、普通ならありえないようなユニークな取り組みを、次から次へと発信し続けたことが、お客様の心に刺さったのです。

これは、**ノスタルジーと最先端の意外性によるギャップ**なのかもしれません。

これらは、SNSの反響だけでなく、現場においても肌で感じることができました。

そして、これらの取り組みに対するお客様の反応は、私自身がドムドムハンバーガーのことをより深く知るきっかけにもなりました。

私は、様々な取り組みをすることで、『ドムドム』というブランドが、お客様から愛されていることを実感することができたのです。これは私にとって、何よりの収穫でした。

「普通のファーストフード店は、こんなことはやらない」とか、「ハンバーガーチェーンはこうあるべきだ」のように『固定観念』で仕事をしていては新しい気づきなど得られません。消費者の皆様がどのようにドムドムハンバーガーを捉えていらっしゃるのか、知る由もなかったと思います。

「まずは何でもトライしよう！」という社風だからこそ、商品も「手作り厚焼きたまごバーガー」や「丸ごと!! カニバーガー」のような同業他社とは差別化した個性的なラインナップを提供したり、楽しみを共有したりできるのです。

そしてこの「さまざまなことに果敢にチャレンジする」という考えは、スタッフたちにも、良い意味で刺激を与えることができました。

例えば、企画を提案するスタッフも、「どうせ却下されてしまうんじゃないか」と、アイデアを自ら押しつぶすことなく、「これがいけるのなら、こんなこともやってみたら面白そう！」など、いろいろな閃きを持てるようになったのです。

「丸ごと!! カニバーガー」のような**大胆な戦略は、『ファーストフード』という一面的な見方しかしていなかったら、成し得なかった**ことでしょう。

これらのことはすべてに通じ、**多面的に見ることで大きな成長を得ることができるのです。**

日々の業務でも同様です。

弊社では業務の合理化を図るために、キッチンスタッフはキッチン業務だけを担当するように分業を徹底しています。手の空いているキッチンスタッフが、レジ担当者の動きをいち早く察知することで、「いまお客様が、何のハンバーガーをいくつオーダーしてくださったのか」を知ることができ、次の対応が早くなります。これにより、キッチン業務が円滑に機能し、お客様への提供時間も短縮されることになるのです。

広報担当者は、担当記事をＳＮＳなどにアップした際、営業部門の業務内容を理解し、営業部門と内容について共有できていれば、その記事がバズったとしても営業部門が対応策を把握しているため、お客様に不便をきたすようなことはなくなるでしょう。

また、人事担当者が現場を視察することで、現場の空気や求めていることが見え、結果的にスタッフに寄り添った働き方改革を考えることができるのです。

本社にいるだけでは表面だけしか見えないことも、現場を目視することで仕事の幅も広がっていくということです。

ときと場合によっては、固定観念が変革を邪魔することもあります。

自分の仕事のスタイルや考え方に固執せず、広い視野で物事を見る目を持つことが大切だと思います。

NO. 19

スピーディーな判断が
成功への近道

ＳＨＩＢＵＹＡ１０９で働くことを決めたとき。

居酒屋でバイトを始めたとき。

家庭料理の居酒屋を開業したとき。

ドムドムハンバーガーに入社したとき。


私は何か転機があると、恐ろしい速さで決断し、次の道に進んできました。

もちろん私の場合は、切羽詰まっていたから、その時々で早急な決断を迫られていたという背景がありますが、スピーディーな判断が確実に今へとつながっていることだけは確かです。


一度決めたことには全力で、絶対に成功させるという気概がありましたので、その後の出来事に真摯に向き合い仕事に没頭することができたのです。


２０２０年は、『ドムドムハンバーガー創業50周年』の年で、いろいろな記念イベントを用意していました。

４月は、『ニコニコ超会議』（ニコニコ動画ユーザー向け総合イベント）。

5月は、日本で一番歴史の古い、日本初のハンバーガーチェーンの弊社と、日本一古い遊園地「浅草花やしき」とのコラボが予定されていましたが、コロナ禍により、予定されていたイベントは軒並み中止になってしまいました。全く予測できない事態に遭遇し、50周年どころではない状況に陥ってしまったのです。

皆さんもご存知のように、当初は行政も混乱していましたし、新型コロナウイルスにまつわるデータはほとんどなく、不確定な情報のみが多く拡散されていました。

最近は、ビジネスの意思決定や課題解決などを行うために次世代型の業務プロセスを導入する企業が増えていますが、このようなデータのない状況下において、データの分析結果をもとに判断する次世代型の業務プロセスは機能したのでしょうか？　私はとても疑問に感じます。

弊社は**コロナ禍という、いままで経験したことのない事態でありながら、スピーディーな経営指針に基づく意思決定を実施することができた**と思っています。

企業の意思決定は、社長が判断すれば決まるという単純なものではありません。株式会社である以上、株主や取引先など、ステークホルダーにエビデンスを示した上で、合意を得るプロセスが必須になります。

しかしながら、**不測の事態においては、合理的にことを進めるためにも、スピーディーな判断と実行できる仕組みが重要**であると考えました。

そこで私は、役員や営業本部と全方位的に情報を共有することで、迅速に判断することを第一に考えて行動することに努めました。

結果、時短営業、シフト削減の決定や各種助成金への対応、特に雇用調整助成金についてはいち早くスタッフと共有し、『安心して生活できる保障を明確に』を早々に打ち出すことができました。

また、布製マスクを早い段階でスタッフに配布するだけでなく、マスクがなくて困っているお客様のために店舗販売だけでなく、ＥＣサイトを短期間で立ち上げるなど、全社の協力のもと速やかに実施することができたのです。

これは、コロナ禍という特殊な状況に限らず、通常の業務においても同様で、**成功にはスピーディーな判断と実行できる仕組みが重要**だと考えています。

そのためには、時間の有効活用が大切です。

普段の業務において、**少しでも時間や手順の無駄をなくせば、スピーディーな判断に近づきます。**

例えば、会社に多種多様なルーティーン業務があった場合、それをこなすだけで時間は過ぎてしまいます。

社内会議で業務報告をするだけなのに、発表用のパワーポイントや書類を作成するのに時間を費やしたり、会議で書類を読み上げるのに時間を費やしたりしていたら、どんどん大切な時間が消費されていきます。私の理想とする会議は、一人一人に用意する書類をなくすことから始まります。参加者全員が会議前に渡されたデータを事前に読み、内容を理解した上で参加すれば、会議は議題を討論するだけの場となるでしょう。

弊社では、不必要なネゴシエーションを減らすことも目標の一つになっています。

事前に合意を得るために、それぞれの部署の考えに合わせて内容をコントロールし合う**社内ネゴシエーションは、駆け引きに走ってしまうと余計な時間をとられてしまいます。大切なのは会社の利益ですから、お互いが歩み寄る気持ちを忘れなければい**

いだけの話です。

また、会社という大きな組織にいるにもかかわらず、自身の所属にこだわりすぎて、狭い世界で物事を判断しようとすることも、もったいないことです。『木を見て森を見ず』ではありませんが、全体を見失い、会社全体で損をしては意味がないのです。

ドムドムハンバーカーの良さは、各種イベントに参加したり、異業種とコラボすることでグッズを販売したり、ユニークな商品開発を行ったりなど、既存にとらわれないところにあります。

これらは、部署を横断するような経営判断が迅速に行えるからこそ実現できます。そのためには、一人ひとりがそれなりの権限を持って判断できる体制が必要でしょう。これは、各社員の個性であったり、考えであったりを尊重しているからできることなのです。課や部などに捉われず、垣根を越えてコミュニケーションを図る方が、効率的に各段に良いことは目に見えて明らかなのですから。

NO. 20

人やサービスはトータルで判断されるべき

弊社の「丸ごと!! カニバーガー」がSNSで話題になり、大売れしました。

２０１９年の秋に販売したときは、３か月分を1か月で売り切り、２０２０年の秋に再販したときは、前年の販売数を一週間で売り切りました。

ファーストフード・ハンバーガーチェーンのラインナップとしては９００円(税抜)という高価格商品であるにもかかわらず、人気のために売り切れ続出となったのです。

「丸ごと!! カニバーガー」は、ソフトシェルクラブを一匹丸ごと使用した見た目のインパクトはもちろんのこと、カニがドムドムのロゴ入りの旗をハサミで掴んで持っているという『遊び心』が、消費者に受け入れられたこともヒットした要因の一つだと思っています。


しかし**ヒットした要因が、見た目のインパクトや遊び心だけかというと、それは違うと思います。**

いくらSNSで話題となり、インスタ映えする商品であっても、お買い求めいただいた方にとって満足のいく商品でなければ、リピートしていただけないからです。

逆にドムドムハンバーガーへの信頼が損なわれ、再来してもらえなくなるだけでなく、ともすれば批判的なSNSの投稿が増えるかもしれません。

ある意味、**尖った商品ほど味がきちんとしていないと受け入れらない、高評価を得られにくい**と感じています。

「丸ごと‼ カニバーガー」が大売れした背景には、各店舗が丸ごとカニバーガーやその他の商品を美味しく提供できたり、お店が不愉快な思いをさせない雰囲気だったりと、**お客様が満足できる環境だったことも大きい**と思います。

どんなに商品に興味を持ち、美味しく召し上がっていただいたとしても、マイナス要素が多ければ受け入れられませんから、結局は「丸ごと‼ カニバーガーを食べたい」「ドムドムハンバーガーに行きたい！」と思わせる**『総合力』が必要だと思います。**


これは、人に対しても同じだと思うのです。

世の中には、勉学・スポーツ・芸術など、一つのことに秀でた方がたくさんいらっしゃいます。例えば、報道などでノーベル賞を受賞された方々を知る機会がありますが、受賞分野が優れているだけでなく、そこまでの努力や生き方に共感し、感銘を受けることがしばしばあります。

スポーツや芸術も同じではないでしょうか。

私はさほどサッカーに詳しい方ではありませんが、三浦知良選手の生き方には感銘を受けています。

最近じわじわと体力の衰えを感じ「年をとったなぁ」と思うことがしばしばありますが、私と同級生の年齢でありながら、**今も現役でプレーする姿は、勇気と希望を与えてくださいます。**

彼は高校一年生のときに単身ブラジルに渡り、さまざまな国やチームでプレーされ、今日に至るプロセスには想像を絶する困難や苦悩があったと推測できます。

このように一芸に秀でた方であっても、サッカーの技術や勝負の結果だけでその方を理解しているわけではないのです。

一方、秀でた技術を持たない私たちにも同じことが言えます。

例えば私の場合、39歳から44歳までＳＨＩＢＵＹＡ１０９のヤングカジュアル向けアパレルショップの店長としてお店に立ち、仕入れから販売まで行っていました。

同じショップの販売員たちは、ほとんど自分の子供といってもいいような年齢の女の子たちばかりです。

世の中の一つの見方として、若い女の子向けの流行のお洋服を販売するお店には、私のような年配の店長より、感覚的に近い年代の若い店長の方が良いと考える人もいるでしょう。

しかしこう考える人は、**年配という一つのものさしだけで、考えもやり方も若い店長より古い**と決め付けているわけです。

果たして本当にそうでしょうか。私はそうは思っていません。私のような年代の店長でも、考えや行動で結果を出すことができるのです。

流行のファッションに身を包み、渋谷の文化を知る若いスタッフたちは、渋谷の若者文化を私に教えてくれる先生でした。

これまで関わったことのない、知らない文化を知ることはとても刺激的で、彼女たちを素直に認め、リスペクトすることができました。

これが、スタッフたちと同世代の店長だったらどうでしょうか？　自身の感覚だけに頼った店舗作りに陥るケースもありえるのではないかと思います。**年齢が大幅に異**

なるからこそ素直に受け入れることができ、そこに私が今まで得てきた経験が重なることで新しい価値観が生まれ、店舗作りや商品選びに反映できたのだと思います。

このことが、彼女たちとの信頼関係の構築につながり、円満な店舗運営に導いたのです。

何が言いたいのかというと、**単純に年齢を判断基準にしてはいけないということです。人は、一面だけではなくトータルで判断されるべきだと思います。**

私がカルチャーの異なる若いスタッフたちをリスペクトできた理由は、髪の毛がゴールドやシルバー、紫であったり、当時流行りのモリモリのスカルプネイルや下着が見えそうなお洋服を着ていたりと、見た目は確かに派手でしたが、それとは裏腹に心はとても純粋で、一生懸命に生きている本当の姿を知ったからです。

一過性の出来事、目に見えるだけの印象、先入観による理解は、その人、その事柄を過小評価してしまいがちです。

相手のことを正しく評価することで、お互いが高め合う大切なチャンスを逃さないためにも、人やサービスはトータル的に判断するべきなのです。

第5章

トップに立つ関係力

NO. 21

老若男女は
リスペクトし合う
「人」同士

私の基本的な考え方の一つに、「**同じ仕事をしているのなら、お給料も同じでいい**」というのがあります。

年齢が上だからという理由だけでたくさんお給料をもらえる、という考えではなく、例えば同じ店長という立場で、仕事内容も同じならば、給料も同じになるべきだと考えています。もちろん同じ店長でも、任されている店舗の規模によって仕事の量は違うため、そういう部分までしっかり考慮に含めて判断する必要はあります。

年齢が高く、キャリアがあり、大型店舗を管理できる店長のお給料が高いのは当たり前ですが、若くても大型店舗の管理ができる店長なら、年齢に関係なく評価されるべきだと思うのです。

お給料は、社員の方たちのモチベーションに確実につながりますから。

ただこれは、『お給料』という側面だけの話であって、**年配者や先輩方をないがしろにする企業に成長はない**と思っています。

彼らには、いままで培われてきた経験だけでなく、50年という長い間、ドムドムハンバーガーを守ってきたという実績・財産があるわけです。当然ですが、大切にするべき存在だと考えます。

「仕事の質や内容で判断するべき部分と、先輩方を大切にするという気持ちは別だ」ということです。

彼らがいなかったら、今のドムドムハンバーガーは存在していないでしょう。歴史を紡いでくださった先輩方に敬意を表するのは、人の道として当たり前のことです。

私は、彼らに対する尊敬の念と感謝を常に持っています。礼儀を失することの無いよう、言葉や態度で感謝を伝えるようにしています。

職位が同じだからと、年上の店長に対し、言葉遣いや態度が無礼な店長がいたならば、私はその店舗運営に不安を感じてしまいます。

店舗内のスタッフにも、思いやりに欠けた態度で接しているのではないかと思うからです。**立場や年齢に関係なく、どの方にも思いやりをもって店舗を運営することが、チームをまとめる最大のポイント**です。

逆に、年長の店長が若い社員に対し、年長という理由だけで高圧的な態度をとるようなことがあってはならないし、全く意味のない行動だと思います。

年齢や職位に関係なく、互いの良い面をリスペクトし合う関係性が、職場の雰囲気をひとつに形成し、同じ目標に向かう導線になるのです。

これは、男性と女性という側面でも同様です。**チームは、性別に関係なく互いをリスペクトしながら築きあげていくべきです。**

男性だから、女性だからという括りで立場を定めるのではなく、それぞれが希望や適性に合う職務を担えばいいのです。その判断基準に性別は関係ないと考えます。

ただしこれは、必ずしも職場におけるすべての職務や行動において、男女が均等に担うということではありません。例えば私事ですが、コピー用紙5冊入りのケースを運ぶのは重く大変なので、力が強いと思われる方に運んでいただいております。その代わり、私は私ができることでお返ししていますから、全体としては均等が保たれていると思うのです。

管理職の男女比はこうであるべきとか、役員に女性がいないから何パーセントになるまで補った方がいいなど、数値目標にすべきことではないのです。

しかしながら、女性はキャリアを積む中で、出産や子育てによって一時中断せざるを得ない環境にあります。
２０２０年の育休取得率は、男性12・65％（前年度7・48％）、女性81・6％（前年度83・0％）で、男性は前年より5・17％上昇しているものの、女生との差は歴然です。出産や子育ての部分で、男性と差が出ないような環境整備をしていかなくては、会社で女性が活躍するのは難しいかもしれません。

私は、39歳で初就職した身ですから、稀な経緯で現在に至っていると思います。息子の幼児期から中学生の途中までは、専業主婦として母親業を中心に子育てに携わることができました。しかも息子は少年野球に参加していたため、『野球ママ』として楽しい日々を過ごすという経験もできました。

休日は朝早く起きてお弁当を作り、一緒に野球の練習や試合に付き添い、家庭以外でも子供の心と身体の成長を見届けることができました。幸いにも子育て中心の時期と仕事中心の時期がずれたことで、尊い経験をすることができたのです。

このように**両方の期間を経験している者からすると、どちらか一方を犠牲にするのではなく、両方楽しんでほしいと思います。**同時にこなせる器用な方は、そのまま突き進むのもいいでしょう。幼児期だけは仕事を休んで子育てに専念したい方は、専念するのもいいでしょう。それぞれ自分に合った選択をすればよいのです。

例えば、努力して就職した企業に未来や希望を見出している方には、育休を数年与え、その後スムーズに復職できる寛容さが、企業には必要となってくるでしょう。「**復職は是非！　そこから自身でキャリアを積んでください！」です。**その間のブランクを嘆く方もいらっしゃいますが、本当にそうでしょうか？

会社の組織変更や取引先の変化、取り扱い商材の変化などは、休職中に起こり得るでしょうが、ただそれだけのことです。何事も今が大切であり、過去にとらわれる必要はひとつもないと思います。その時置かれた環境で精一杯努力すればいいのです。

今やどこのフィールドにいても学べる時代です。さまざまな情報がどこにいても手に入るため、時間を有効活用すれば、子育てに集中している時期でも本人の心がけ次第で学べるチャンスは山ほどあるのです。そして、**子育てで得た心の成長は、その後のお仕事にもいい影響を及ぼすはず**です。

私だって、39歳からキャリアを積んで、いまに至っているのですから。

あとは、自分の努力次第なのです。

NO. 22

心の満足度を得られる職場環境を整えることが重要

２０２０年2月11日、ＷＨＯがコロナウイルス感染症の正式名称を「COVID-19」と命名。日本では2月25日に政府が新型コロナウイルス感染症対策の基本方針を発表し、目に見えぬウイルスとの戦いが始まりました。

3月13日、新型インフルエンザ対策特別措置法の一部を改正する法律が成立し、14日から施行。内閣総理大臣による「緊急事態宣言」が可能になり、首都圏を中心に4月7日に発出されました。

私は「緊急事態宣言」というものものしい言葉に、より一層このウイルスに恐怖を覚えました。同時にその頃を境に、私たちのワークスタイルも、大きく変化せざるを得なくなりました。

在宅勤務などのテレワーク、社内外を問わず会議はリモート、社外での機密情報管理をはじめとする働く環境整備、人と人が直接会わない（会えない）状況下での社内コミュニケーションとマネジメント構築など、大半の企業で急拵《きゅうごしら》えをしたのではないでしょうか。そして、観光業、飲食業をはじめ、多くの企業がコロナ禍の影響で厳しい運営状況に陥りました。先行きの見えないコロナ禍であっても事業の継続は必須です。

企業も働く人々も環境や手法に柔軟に適応できなければ、経済活動が滞ることを実感しました。

企業は経済活動の停滞を著しく危惧し、打開策を模索することとなりました。

このような環境下であっても、働く根底には従業員が「楽しい」「ワクワクする」など、少しでも心の満足度を得られる職場環境を整えることが重要だということを、改めて思いました。

先行きの見えない状況だからこそ、『心の満足度＝働く意義』をそれぞれが待たなくては、乗り越えられないと思ったのです。

コロナウイルス感染症が、一定の企業に大きな影響を与えているのは間違いないと思いますが、それ以前から**日本の企業だけでなく、日本の社会全体において大きな成長が見込めない時代に突入した**と感じていました。

さまざまな物やサービスが社会全体に溢れ、低迷期という言い方をする人もいらっしゃいますが、日本が頭打ちの状態になってきたと私は感じています。

各家庭には精密で耐久性のある電化製品が設置され、各人がスマホを持ち歩き、交通手段も整備されています。

ファストファッションからブランド物のファッションまで、衣類も充実しています。今やネットで買い物をすれば、翌日には自宅に欲しいものが届く生活なのです。

だからこそ、ＳＤＧｓが注目され、社会を熟成させるには成長とは違う別の視点が重要になってきているのではないでしょうか。

コロナ禍でお家時間が増え、生活様式も変化しました。

人と会えなくなった時間を自分に費やす時間に変化させた方も多いと聞きます。要するに、**社会の成長や個人の成長への価値観や軸が変化している**のです。

未知なるウイルスの到来により、今まで蓄積してきた考え方や情報では解決できない、先行き不透明な状況になりました。

企業のデジタル戦略において、デジタルトランスフォーメーションが重要な位置づけになると言われています。私としてもデジタル変革の重要性を理解し、活用したいと考えています。しかし一方で、これらはただのツールでしかありません。

ＩＴで蓄積したデジタル情報をＡＩで分析することで、企業の経営やサービスに有効活用するにしても、新型コロナウイルスによる影響を予測できなかったでしょうし、コロナが広まった最初の頃は、不確定な情報に右往左往させられていました。

これまで信じてきた情報を基に分析を行い、成長戦略を練るというツールを利用するにしても、**成長に対する価値観や軸が変化しているのですから、自身の内なる声と相談しなければ正しい方向性は見つからない**でしょう。

雇用形態もこの数年で大きく変わってきました。

日本では終身雇用、年功賃金、正規雇用が良いとされた時代から、今や非正規雇用が全体の4割を占める時代になりました。しかもコロナ禍でテレワークが推進されるなど、働き方も多様化してきました。

雇用形態も働き方も選択する基準が多くなり、働き方においても、従来とは異なる価値観・軸ができたのです。

このように**社会の成長、自身の成長、働き方について、多様で新しい価値観・軸ができた今、青臭いかもしれませんが、お金・地位・名誉よりも、『心の満足度』がこの先ますます重要になってくる**のではないでしょうか。

ただ、心の満足度は人によってそれぞれ異なります。いままでのように一括りにできないものだからこそ、各人が持つ夢や目標に柔軟に寄り添うことで、働く人の心の満足度を優先する企業の在り方、環境づくりが必要となるのです。

私は家庭を守るために仕事を始め、ＳＨＩＢＵＹＡ１０９のアパレルショップ「ＭＡＮＡ」、居酒屋「そらき」、「ドムドムハンバーガー」と３つの職場で働いてきました。どこにいても心が満足していたから、これまで夢中で走り続けることができたのです。

「ＭＡＮＡ」では、商売のイロハを知る度に次が知りたくなりましたし、若いスタッフたちと出会うことで新しい価値観を知ることができました。

「そらき」では、お料理を研究することに熱中し、さまざまなお客様と出会い、会話をすることが毎日の刺激になっていました。

「ドムドムハンバーガー」では、多くのお客様から愛されていることを知り、老舗チェーン店のブランドを再生するチャンスをいただいたことに感謝と喜びを感じています。そしていま、**目標を共にする仲間たちと一緒に働けることが、何より楽しいと感じている自分がいるのです。**

NO. 23

目標を達成するには、全員が同じ方向を向くようにする

企業活動だけでなく、学校の部活動や選挙でも何でもいいのですが、**目標を達成するには、立場を超えて全員が同じ方向を向くことが重要**だと考えます。

このことは夫の選挙活動のときに学びました。

当たり前ですが、選挙は勝たなくてはなりません。いくら崇高な理念があったとしても、有権者の信託を多く集め、選挙に勝利しなくては政治に参画することができないのです。

未来を担うのは子供たちであるから、教育環境の整備をしたい。

いつ起こるか分からないから災害に向けて、災害に強い街造りをしたい。

高齢化社会の到来に備えたい。等々……。

政治にかける情熱があればあるほど、その信託を得るため必死に戦います。

一方、後援者の方々は、夫を通して自分たちの理想とする社会を実現したいという思いから、ボランティアとして支援してくださいました。お互いに利益を求めない関係性でありながら、理想とする政策を実現するために「選挙に勝利する」という共通の目標に向かって戦ったわけです。

しかし当事者と支援する側という立場の違いから、残念ながら両者の間に微妙な温度差が生じてしまうことがあります。

そのため、当事者である夫とそれを支援してくださる後援会のボランティアの方々との温度差をなくすことが、選挙のときの私の役割だと考えていました。

同じ目標に向かって、ベストの関係性を築くための裏方的な存在です。

では、具体的にどうしたら、双方の温度差をなくすことができるのか。

私は、**ボランティアの方々に選挙戦や後援会活動に夢中になっていただくことが最重要と考えました。活動に夢中になれば、目標が明確になり、方向性が定まるのです。**

そうは言っても、ボランティアの方々には日常の生活があり、お忙しい毎日です。それでも重要な会合などは、どうにか都合をつけて参加していただかなくてはなりません。私は一人でも多くの方に参加いただけるよう、会合のお知らせや参加のお願いはお手紙で伝えるようにしていました。

お手紙を出したら、必ずフォローの電話をし、そのときお返事をいただけなかった方には、後日改めてお電話をし、参加のお願いをしていました。

直接、夫の政策や想いを聴いていただくことや活動に参加しているという体験が、夢中になるきっかけになると思ったのです。

こちらの誠意を可能な限り伝え、活動に参加していただくことで、結果的に全員が同じ方向を向くことになるのです。

会社においても、**事業を成功させるためには、同じ方向を向くことが重要**です。

例えば、店舗で売上が上がってくると、雰囲気が良くなり、活気に満ちて士気が高まり、全員が同じ目標に向かうようになります。全員がプラス思考になるからだと思います。

しかも会社の場合は、利益が上がれば従業員に還元できます。お金がすべてではありませんが、従業員の活力の源になるでしょう。

皆さんが健康のためにチームスポーツを始めたとしましょう。

運動不足解消のためとはいえ、試合に勝利すると、上達したことに喜び、それが活力となり、一体感が生まれ、全員が同じ方向を向くための要因にもなるのです。

しかし、そもそも活気や一体感の無い仕事やチームで、良い結果を得られるのでしょうか。「にわとりとたまご」ではありませんが、実は雰囲気が良く、士気も高く、全員が同じ目標に向かっていたために、売上が上がったとも考えられます。ですから、どちらが先なのかわからない場合もあるのです。

重要なのは、それぞれが安全な立場で共通の目標を持つことです。

近年、組織・チームのメンバーが、業務において不安や恐怖を感じることなく、安心して業務に従事できる状態である心理的安全性が、イノベーションや生産性向上につながると言われています。

私は、**心理的安全性が守られた環境で認識した、共通目標を理解した上で決められた方向性が、極めて重要**だと思います。強制的な縛りや方向付けは、同じ方向を向くのに適しているようで、その逆ではないでしょうか。首は向けていても、心が目標に向かわないからです。自由な発言や考察により、目標を自らが理解し、納得した上で方向性を待たなくては、事業の成功に到達しないと思うのです。

一方で私は、安全な立場の担保と共に礼儀は必要と考えています。双方をうまく融合させて、社内風土を構築しなければなりません。

例えば、部長が部下を連れて商談に臨み、会話のイニシアティブを部長がとったとしましょう。商談中、部長の発言を部下が覆したとしたら、他社からの信頼を損なう可能性があります。明らかな勘違いによる発言の指摘は、言葉を選べば問題ありませんが、礼儀の範疇で訂正しないことも大切です。いくら発注金額が見合っていても、提案書類が完璧でも、礼儀を知った信頼できる会社とお仕事を進めたいからです。

しかし商談後は、社内の安全な立場と共通の目標・方向性を持つ環境作りができます。それは部長からの会話や問いかけです。堅苦しい雰囲気ではなく、商談の内容を再確認し、部下の考えや意見に耳を傾けましょう。部下は意見の言える状況に安心し、より目的・企画を深く考え業務にあたるでしょう。部長は見識を広められますし、考えを持つ部下に安堵感と期待を持つことができます。

結果、対話することで目標が明確になり、仕事の質が向上し、ひいては方向性が明確になるのです。**そのためには、和をもって事を進めるという社内風土、風通し、意思疎通が必要**なのです。

NO. 24

身の丈にあった目標でないと周囲はついてこない

私は兄達の影響でスポーツで勝つことの喜びに憧れ、青山学院高等部ハンドボール部に入部しました。

特にキャプテンになってからは、勝てるチーム作りを目指して毎日を過ごしていました。当時流行りのサーファーカットと呼ばれたロングヘアーには目もくれず、襟足を刈上げたベリーショートヘアーで、学校には部活動をするために行っているようなものでした。

平日の練習。週末の試合に遠征。長期休みでも同じ繰り返しの日々。高校生活のほぼすべてをハンドボールに費やし、できる限りの努力を重ねた時代です。

ただ一方で、上位校には敵わないという自覚もありました。

上位校のスピードやパワーには到底及ばず、運動能力や体力差は決定的で、東京都ベスト4以上のチームには、別次元の強さを感じていました。

どんな相手にもベストを尽くすべきですが、敵わない相手がいることも残念ながら自覚していたのです。諦めではなくて、敵わないことを受け入れてしまったのです。

その頃から、**「自分の立ち位置や周りの状況などを把握した上で、目標に向かってベストを尽くすことが大切だ」**ということを徐々に理解していたのだと思います。

たいてい目標は達成できた方が良いでしょう。

それにより人はプラス思考になり、向上意欲が増すと思います。そのためには、**「身の丈に合った目標を設定」し、全員が納得して共有できることが大切**なのです。

身の丈に合った目標だから必然的にハードルが低くなり、クリアする可能性が高まり、結果が得られやすくなります。**重要なのは目標の高低ではなく、クリアするために必要な事柄をたくさん考え、実行すること**だと思うのです。

どんな些細な目標であっても、低いハードルであっても、現時点より変化しなくては越えられませんから、真剣に取り組むことが求められます。クリアするためのプロセスと経験の積み重ねは、次の目標や指針を与えてくれるはずです。


ドムドムフードサービスは、「ドムドムハンバーガー」全国27店舗、新業態「TREE《ツリー》 &《アンド》 TREE's《ツリーズ》」1店舗、合計で28店舗を運営しています。

最近は若干メディアでご紹介いただくようになりましたが、ご存じない方が大半かと思います。

一方、大人から子供まで誰もが知っているマクドナルドさんは、約2900店舗で弊社の100倍以上です。

私はハンバーガーを扱うファーストフードとして両社を一括りに考え、マクドナルドさんと同じ方向性を目指したり、同じ目標を設定する必要は無いと思っています。

店舗数・店舗の立地・各店の売上規模・商品群・従業員数・調理機材・教育制度など、すべてにおいて規模が全くと言っていいほど異なるのですから、ナンセンスだと思うのです。

ドムドムハンバーガーの**現状を冷静に、そして正確に理解した上で目標設定をしなければ、それは机上の空論に過ぎず、達成するどころか事業の後退を招くことになりかねません。**

カサノバさん（現日本マクドナルド会長）と私では、経営者としての実績や実力、知名度において店舗数同様かけ離れています。これは就任直後のスタッフからの信頼度においても同様だったと思います。

私の**最初の目標は、現場の声を聞くこと。本部の声を優しく丁寧に伝えること。そして信頼を得ること**でした。

その目標を達成するため、週4日は現場に出向いてスタッフと言葉を交わし、コミュニケーションを図りました。仕事の話だけでなく世間話も取り入れながら、明るい笑顔を絶やさないで巡回する日々でした。

巡回の日にシフトに入っていない、会えなかったスタッフにも気持ちが届くように、ドムドムハンバーガーのキャラクターである「どむぞうくん」が印刷された便箋に手紙を書いては壁に貼り付けて帰りました。「困ったことや伝えたいことがあったら連絡ください」と私の携帯番号とLINE-IDを書いたこともあります。

訪問時にスタッフが足りないと思えば、その場で店頭に立って手伝っていました。いつでも対応できるようにと、運動靴やユニフォームは常にスーツケースに入れて現場を巡回していたのです。

そして現場からの依頼にはいち早く対応し、解決できるよう努力しました。それらの甲斐あり、徐々に現場の皆さんに信頼をしていただけるようになり、**私個人への信頼が本社への信頼につながり、店舗と本社との良好な関係性が生まれた**のです。

親しい関係性が構築できれば、営業施策を伝えやすくなり、調理工程が複雑な商品でも販売できるようになります。

これは人件費・原価率のコントロールにおいても同様です。

例え**小さな目標でもクリアできれば、次の目標が明白になります。それら目標をクリアし続ければ、それが良い意味で循環していく**のではないでしょうか。

達成感というプラスのイメージは明るく前進する力を皆に与え、喜びや幸せをもたらすのです。仕事が楽しくなるはずです。

一方、身の丈に合わない目標や方向性を持つと、クリアできないことが重なります。それはマイナスのイメージを抱かせ、クリアできない原因を探求するだけの後退ループに陥ってしまいます。そのような状況は全く楽しいとは思えないでしょう。

企業の目標は一人では達成できないものです。周囲を巻き込むためにも、身の丈に合った目標を示すべきなのです。

大切なのは、**些細な目標でも考える力をフルに使って達成することです。その経験が次の目標を示し　前進への無限ループを引き起こす**のです。

第6章

ブランドとの関係力

NO. 25

相手が安心し、信頼できる存在になれ

居酒屋やハンバーガーチェーンに限らず、飲食店などの客商売は、お客様にリピートしていただくことが大切になります。サービスでも商品でも何でもいいですが、とにかく気に入っていただき、何度も足を運んでくださる『常連』のお客様を作るということです。

新しい顧客を獲得するコストは、既存の顧客をキープする費用の5倍かかると言われています。サブスクリプションなどが広まっているのもこのような背景があるからで、**リピーターを増やすことが商売におけるひとつの重要なキーワード**なのです。

では、どうしたらお客様はリピートしてくださるでしょうか。

答えは、**お客様から『信頼を得る』**ことです。

私は常々、「お客様から信頼される店でないと絶対に続かない」と言い続けています。例えば居酒屋の場合、営業時間をその日の状況や勝手な判断で変えるべきではありません。「今日は台風でお客様が少ないから早く閉店してしまおう」とか、定休日でもないのに自身の都合で休業することは、お客様からの信頼を裏切る行為であり、絶対にしてはいけないと思います。

台風なのにわざわざお越しくださったお客様がいたとしたら、通常時間前の閉店に、さぞ落胆されることでしょう。同様に、定休日ではないのにお店が開いていなかったら、お客様に不信感を持たれてしまいます。

商品についても、グランドメニューと公言しているメニューを品切れにしてはいけません。食材のコントロール、仕込みの不安定さが露呈してしまいます。

お客様は、お店の営業時間や品揃えを信頼して、来てくださるわけです。そこを裏切るような行為は絶対にしてはいけないと思っています。

私は、居酒屋『そらき』をオープンした1年半後に、2店舗目として洋風居酒屋『SoRa-Ki:T』をオープンしました。

理由は、1店舗目の『そらき』が、お電話をいただかないと予約が取れないような状況になっていたからです。

すでにお話ししましたが、『そらき』はニュー新橋ビルの地下1階にあり、ちょうどSL広場の交番横の階段を降りた目の前にあります。客席より一段高い店のカウンターにいると、階段を降りていらっしゃるお客様と目が合う構造です。

開店から半年ぐらい経った頃から、お店に向かって階段を降りて来るお客様と目が合う度に、「いま満席だからごめんなさい」と手を合わせて断らなければならないことが増え始めました。

せっかくお越しいただいたのにお断りせざるを得ない状況に、ストレスを感じるようになったのです。ある意味、わざわざ足をお運びいただいたお客様の信頼を裏切ることと同じだと思うようになりました。

「お店に行っても入れない」「友達を連れて行ったのに」「自分が行かなくても、すでにお客さんはたくさんいる」というお客様の声がするようで、このままではお客様が離れてしまうかもしれないと不安になりました。

そんなとき、隣の店舗が空いたため、『そらき』開業からわずか1年後、まだまだ借入金の返済がたくさん残っているにもかかわらず、お客様の信頼を裏切りたくないという一心から、2店舗目の開業を決めたのです。

また、**信頼には、「安心安全」という側面もあります。**お客様に居心地の良い空間を提供することはもちろんですが、金銭面での信頼もあると思います。

チェーン店と違い、個人店の中には、明細の提示がなく、行くたびに金額が違っている飲食店があったりしますが、こんなお店は言語道断です。お客様からの信頼を裏切る行為以外、何ものでもないと思います。都度金額が違っては、安心してお酒なんて飲めないですよね。

また飲食店においては、衛生面の「安心安全」も信頼の構築に重要です。

いくら美味しいお料理を提供されても、調理する方の衣服が清潔でなければ安心感は得られません。エプロンが汚いだけで、調理場の様子が想像できてしまいますよね。

ブランドではありませんが、私が政治家の妻としてボランティアや後援会の方々と接していたとき、夫と同様に私も信頼される人間にならなければと思っていました。

そのため**服装をひとつとっても、安心感のある服装を心がけていましたし、言葉遣いやマナーにも気をつけていました。**それは、どっちがいいとか悪いとかではなく、大多数の人に「安心だ」と思っていただけるような自分でありたかったからです。

夫からは、後援会の方々の家を訪問するときは「スカート」を着用するように言われていました。古風な人でしたから、女性のズボン姿は年配の方には受け入れられないと考えていたのでしょう。

今ではポロシャツやジャンパー姿で選挙を戦う政治家の方もいらっしゃいますから、その辺の感覚は変化していると思います。

しかしながら当時は、（極端な例ですが）もし私がサンダル履きやジャージ姿で訪問していたら、訪問された相手の方は「自分はあまり大切にされていない」と不愉快な気持ちになる方もいらっしゃったと思うのです。

同様に、手紙の文面や字配り、切手の貼り方など、細かい部分ですが、丁寧に考えて準備していました。切手が曲がっていても手紙は届きますが、心は届かないと思います。心を尽くした手紙には、差出人の想いが感じられ、受け取った方の心に届けることができるのです。それは信頼を得るチャンスにもなるでしょう。

この人、このお店、このブランド、この会社……、**すべて信頼を得ることによって、理解され、応援される存在になれる**のです。

NO. 26

ブランドは
お客様が創出するもの

私は、ドムドムハンバーガーの社長に就任したことを機に、ドムドムハンバーガーについて自分なりに考えてみました。そもそも『ドムドムハンバーガー』とは、どのようなハンバーガーショップなのか。その歴史だけでなく、消費者の皆さんとの関係性までも含めて模索してみることにしたのです。

新商品を1か月に1商品出すことを遵守しました。事業継承してからほぼ毎月、『限定商品』を販売し続けたのです。

私たちのようなチェーン店は、新商品を開発すると、作り方などを含めた販売マニュアルを全店舗に落とし込む必要があり、かなり大変な作業になります。このため毎月の新商品発売は決して容易ではありませんでしたが、積極的に挑戦を続けていくうちに、ドムドムハンバーガーについて私が模索していた答えも自然と見えてきたのです。

ドムドムハンバーガーは、1990年頃のピーク時には全国に400店舗近くありました。このため、**ある世代においてはご存じの方も多く、愛着や懐かしさ、ノスタルジーな感覚が期待となって、応援してくださっている**ことがわかったのです。

ドムドムハンバーガーは、51年間愛され続けてきたブランドであり、紆余曲折を経ながらも何とか生き抜いてきたという歴史があります。

だからこそ、このブランドをさらに50年守り続けていけるように、私たちにはドムドムハンバーガーを育てる義務があると感じました。

そもそもブランドとは、企業が自分たちの成長や成功を願って、企業発信で展開していくものです。しかし1年半の間、さまざまなチャレンジを続けた結果、**ドムドムのブランドを創るのはお客様だということに気づきました。**

51年間、何とか生き抜いてきたドムドムハンバーガーというブランドを、守り、育て、そしていま盛り上げてくださっているのは紛れもなく消費者の方々なのです。そのことに気づけたからこそ、お客様やスタッフの人生に寄り添い、共存・共栄しながらこのブランドを育んでいくことを経営指針に取り入れたのです。

そしてそれを具現化したのが、マスクの販売でした。

２０２０年は創業50周年の記念すべき年ということで、さまざまなイベントを計画していましたが、新型コロナウイルスの影響でことごとく中止になってしまいました。

しかしイベントで販売する予定だった50周年記念グッズは前年度から企画していたこともあり、既に打ち合せは進んでいました。そして、グッズのサンプルを受け取りに行った際、その業者さんがマスクも製造できることを知ったのです。

ドムドムハンバーガーの店舗は、日常品を扱うスーパーの中に多く出店しているため、最初の緊急事態宣言が発令されたとき、ショッピングモールやデパートのように休業はできませんでした。

そのような状況において、私が真っ先に考えたのは、従業員の安全確保（命を守ること）でした。

この得体の知れないウイルスに対して、当時はまだ不確定な情報だらけでしたから、従業員の中からコロナ感染者を出してしまう恐怖に悩んだのです。しかも、この頃すでにマスクは品薄となり、値段も高騰していて思うように手に入りませんでした。

そこで、記念グッズの製造業者さんに依頼し、スタッフを少しでも元気づけようと『どむぞうくんのロゴ付きマスク』を作ることにしたのです。

スタッフだけでなく、コロナ禍でも店舗に足を運んでくださるお客様も同じように安全安心でなければなりません。そこで、レジ横にさりげなくマスクを置き1枚

350円で販売することにしました。

マスクがなくて困っているお客様向けに、社会貢献の一環として発売を決めました。ところが、購入いただいたお客様からのSNSの投稿がバズリ、5・5万人の『いいね』がついたのです。

もちろん、マスクの宣伝など一切していなかったのですが、翌日にはお店に長蛇の列ができ、「マスクが欲しい」「マスクが欲しい」と各店舗の電話が鳴り止まないくらい話題になっていきました。

社会貢献のつもりが、本末転倒。密を作る結果に。

これでは逆効果と思い、店舗での販売は即刻中止。急遽、ECサイトを10日で立ち上げ、販売を再開することにしました。1回目と2回目は、どちらも1分ほどで完売するほどの大盛況ぶりでした。その後も追加製造を重ね、現在までに約16万枚のマスクを販売しました。もともとは従業員の命を守ろうと思って始めた行動なのです。

この件で、**ブランドはお客様が育むということを確信したわけです。従業員のこと、お客様のことを考えて行動することが、結果的にブランドを育てることに繋がる**と実感できました。

また、コロナ感染拡大防止のため、『おうちでドムドムセット』というテイクアウト商品も発売しました。通常は約2400円のセットを1500円に設定。

これは、自宅でドムドムハンバーカーを楽しんでいただくための商品なのですが、こちらについても「ドムドム優しい」などの声と共にSNSで拡散されてブレイクしたのです。これもお客様目線で開発した商品でした。

実は、浅草花やしきの遊園地内にドムドムハンバーガー浅草花やしき店をオープンしたのも、コロナ禍による社会の閉塞感、外食の厳しい状況下で少しでも元気を取り戻してほしいという思いからです。

観光地である浅草は、インバウンド需要も多く、コロナの影響を多大に受けていました。そこで、日本でも一、二位を争う観光地の浅草が元気になれば、東京が元気になり、ひいては日本の元気に繋がるのではないかと考え、コロナ禍ではありましたが2020年9月に「浅草花やしき店」を開業したというわけです。

まさに**元気の共創であり、このようなご時世でも共に元気を創り、たくさんの方と共有できたなら、これほど素敵なことはない**と思えたのです。

NO. 27

ブランドも人間も捨てる神あれば拾う「福」あり

1970年、ドムドムハンバーガーは町田にあるダイエーの商業施設に第一号店を出店しました。当時、ダイエーの中内社長が日本に新しい食文化を紹介しようと開業されたそうです。

ブランド名は「ドムドムハンバーガー」。ロゴには「ぞう」を使用しました。ロゴデザインは時代と共に変更され続けていますが、ドムドムフードサービスが運営を開始した際にリニューアルしたロゴは、『どむぞうくん』と呼ばれ、多くの皆さんに愛され、弊社の物販事業の立役者になっています。

「ぞう」を使用した理由は、当時世間で広く愛されていた動物が「ぞう」だったため、ドムドムハンバーガーも多くの皆さんに愛されるブランドになれるようにと採用されたと言われています。

2017年7月、ドムドムハンバーガーはダイエーの子会社であるオレンジフードコートから、レンブラント・インベストメントの子会社であるドムドムフードサービスに譲受されました。**前の会社であるオレンジフードコート社にとって、ドムドムハ**

ンバーガーは不要なブランドになってしまったのでしょう。

レンブラント・インベストメントは、主に企業再生を請け負う会社です。その会社が初めて外食事業の再生事業に取り組んだのです。

レンブラント・インベストメントにとってドムドムハンバーガーを再生する意義は、「日本で最古のハンバーガーチェーン」「歴史ある全国展開のファーストフード」「一定の年齢層に対する知名度の高さ」の三つで充分だったことでしょう。

ドムドムハンバーガーというブランドは、再生する意義のある宝のような存在なのです。一方では不要でも、一方では宝。もちろん様々な事情があるとは思いますが、スポーツの世界でも、自由契約になった選手が他チームで活躍する姿に感動することがありますよね。**ブランドも人間も、捨てる神あれば、拾う「福」あり**、だと思うのです。

私はいま、「ブランドって、こんな風に変わるんだ！」と、肌で感じています。本当に不思議というか、面白いと思います。

先にも述べましたが、ドムドムハンバーガーのロゴは、ドムドムフードサービスが運営を開始したときにリニューアルしました。現在のロゴは、白地に赤い「どむぞうくん」が同色の楕円で囲まれて描かれています。その下に2段で「DOMDOM」「ドムドムハンバーガー」と同色で名称が記載され、一つのマークを形成しています。

もちろん、これ以前のロゴも、多くのお客様から愛されていました。

それが証拠に、ドムドムハンバーガーが注目され、メディアやSNSに登場し始めると、昔のロゴを懐かしむお客様が声を上げ、その存在を世に出してくださるようになりました。

そこで、アパレル業界とのコラボグッズに昔のロゴを使用したところ、あっというまに大人気となったのです。

この不思議な巡り合わせが、なんとも面白いと思うのです。

「新しいロゴに矜持が無いのか」と問われるかもしれませんが、長い歴史の上に今があるわけですから、**お客様が愛してくださるドムドムハンバーガーのすべてがブランドの矜持だと考えています。**

もう一方で、**消費者参加型のムーブメントがドムドムハンバーガーを変えてくだ**

さったとも思っています。

アイドルグループの世界では、ファンとアイドルとが一緒になって頂点を目指すスタイル、応援型や参加型が一般的だと思います。

同様にドムドムハンバーガーも、「絶滅危惧種を救う」というフレーズであったり、そのような想いから消費行動を起こし、SNSなどのツールを利用して発信してくださるという、参加型のスタイルに後押しされている状況を実感します。


期間限定商品をいち早く購入し、必ず感想を添えて投稿してくださるお客様。

インスタグラムでカッコよく店舗を紹介してくださるお客様。

全身ドムドムコーデで全国の店舗を巡り、その様子を投稿してくださるお客様。

イベントには必ずお越しくださり、その様子を投稿してくださるお客様。


数々の応援に感謝しきれない毎日です。

もちろんそこには、長い歴史の中で培ってきた、ドムドムハンバーガーへのノスタルジーという感覚もあると思いますが、別感覚で参加してくださるお客様も増えつつあります。

例えば、メディアに勤めるドムドムハンバーガーを知っている30代以上の方々は、「いまでも頑張って続けているんだ」と、昔を思い出して、応援してくださいます。お仕事の話をする際にも、大部分の方とは懐かしいドムドムとの思い出話で盛り上がり、楽しく話を進めることができています。

このように、**直接的にかかわりながら、頑張っている企業や人を応援するという土壌が、いまの日本には存在している**のです。

こんな小さなブランドではありますが『**拾った福＝ドムドムハンバーガー』の偉大さを日々痛感しております。**

ブランドという見えない力に助けられていることに感謝し、この先50年愛される「ドムドムハンバーガー」をお客様やスタッフと共に育んでいこうと、本書を執筆しながら、改めて強く感じております。

おわりに

私の人生は紆余曲折。

けれど「日日之好日」。かけがえのない時を経て今があるように思います。10年前「そらき」を開業した頃、自分の考えを綴り、書籍にしていただくことなど、全く想像していませんでした。

そもそも政治家の妻として夫を支え生きていくことを選んだ私は、このような人生をたどることなど微塵も想像せず、ウエディングドレスを着て教会の鐘の音を聞いていたのに……人生の不思議を感じます。

ただただ夢中で駆け抜けてきた日々には、悲しみで押しつぶされそうな日も、怒りで声を震わせる日も、喜びで涙する日もありました。

けれど歩みを止めることはありませんでした。それは多くの方々と巡り合い、多くの事象を経験し、その関係性に所以していることをこの書を綴りながら再認識しております。

貴重な機会をいただけましたことに、心から感謝しております。

そして、つたない文章に最後までお付き合い賜りました皆様。

心から御礼申し上げます。

「かけがえのない時」その一瞬一瞬の貴重な体験が、今を紡いでおります。それは、あくまでも私ごと。その関係力は私にとっての営みであり、皆様には皆様の経験に基づく関係力が多くあることでしょう。綴りました言葉は、正に一例であって「私らしさ」の表現でしかありません。皆様がご自身の経験に基づく関係力を構築していただくことが何より大切だと思います。

ただ一つ共通しているのは、転職や環境の変化があったとしても、他者の存在と共に自身が在り、事象を巡っているということです。それらを掘り下げ、豊かに快適に生きる術を探すお手伝いができましたなら、本書を綴った意義となり、この上ない喜びとなります。

最後になりましたが、人生を彩ってくださったすべての皆様、そして出版にあたりご尽力いただきましたリピックブックの皆様に心からの感謝を申し上げます。ありがとうございました。

ドムドムフードサービス社長　**藤﨑　忍**

藤崎《ふじさき》 忍《しのぶ》

1966年生まれ 東京都墨田区出身。

青山学院女子短期大学卒業後、政治家と結婚。夫が選挙で落選し病に倒れたことを機に、39歳ではじめてSHIBUYA109のアパレル店長として就職。

順調に売り上げを伸ばすも退職を余儀なくされ、新橋の居酒屋でアルバイトを始める。その後、自ら居酒屋を開業し人気店となり、2軒目も開業。

その手腕を買われ、店の常連客からドムドムハンバーガーのメニュー開発顧問に誘われる。初めて提案した「手作り厚焼きたまごバーガー」がヒットとなり、正社員に。9か月後の2018年には社長に抜擢され、「丸ごと!! カニバーガー」がSNSでバズるなど、現在業績を順調に回復させている。

藤崎流 関係力

2021年10月20日　第1刷発行

著者　藤崎 忍

カバー撮影　大熊 和男

編集人　江川 淳子、諏訪部 伸一、野呂 志帆
発行人　諏訪部 貴伸
発行所　repicbook（リピックブック）株式会社
〒353-0004　埼玉県志木市本町5-11-8
TEL　048-476-1877
FAX　03-6740-6022
https://repicbook.com
印刷・製本　株式会社シナノパブリッシングプレス

　ISBN978-4-908154-33-1